160가지 그림과 스토리텔링으로 쉽게 배우는 책!

알고리즘이
처음이어도 괜찮아!

 옮긴이의 말

"일상에서 쓰는 말과 비유로,
초보자를 생각하는 마음이 빛나는 책!"

이 책의 가장 큰 장점은 술술 읽힌다는 점입니다.

컴퓨터 관련 지식이 없어도 부담 없이 읽을 수 있습니다. 일정 수준의 수학 지식이 필요한 부분도 있지만 어려운 수식이나 개념을 최대한 덜어 내 초보자도 읽을 수 있습니다. 생소한 개념도 거부감 없이 읽을 수 있도록 일상 용어와 실례를 들어 귀여운 그림과 함께 설명해서 책을 보는 것만으로도 기분이 몽글몽글 좋았습니다.

프로그래밍에 익숙하지 않은 독자를 위해 〈부록〉에서 파이썬 프로그래밍 언어를 설치하고 인터프리터에서 실습한 후 오류를 해결하는 방법까지 제공해 입문자들도 어려움 없이 코드를 작성해 볼 수 있습니다. 다만 이 책은 알고리즘을 모두 다루지는 않으므로 저자가 밝혔듯이 주교재보다는 보조 교재로 활용할 때 장점이 빛날 것입니다.

모쪼록 이 책으로 알고리즘 개념에 익숙해져서 프로그래밍의 기초를 다지는 데 도움이 되기를 바랍니다.

옮긴이 · 노은정

"어려운 원리도 그림으로
쉽게 설명하네요! 매우 유용합니다."

4차 산업혁명 시대에 컴퓨터가 없는 세상은 이제 상상할 수조차 없습니다. 그런데도 컴퓨터 과학의 세계는 아직도 우리에게 낯선 분야로 인식됩니다. 그런 의미에서 이 책은 간결하면서도 흥미를 유발하는 그림과 대화체로 컴퓨터 과학의 세계로 쉽게 입문할 수 있도록 도와줍니다. 또한 말로 설명하기 어려운 개념이나 원리도 실생활에서 흔히 볼 수 있는 예제를 이용해서 쉽게 이해할 수 있습니다. 어린 학습자뿐 아니라 컴퓨터 과학을 처음 접하는 독자 모두에게 매우 유용한 책입니다.

감수자 • 홍지연
《코딩수학동화 팜》, 《코딩과학동화 팜》 저자

160가지 그림과 스토리텔링으로 초보자도 쉽게 이해한다!

첫 알고리즘

자료구조부터 보안, 인공지능까지 최신 알고리즘 총망라!

마츠우라 켄이치로, 츠카사 유키 지음
노은정 옮김

이지스퍼블리싱

코딩별★에
불시착한 보통 사람들을 위한
Do it! 시리즈

Do it! 첫 알고리즘
— 160가지 그림과 스토리텔링으로 초보자도 쉽게 이해한다!

초판 발행 • 2023년 4월 21일

지은이 • 마츠우라 켄이치로, 츠카사 유키
옮긴이 • 노은정
펴낸이 • 이지연
펴낸곳 • 이지스퍼블리싱(주)
출판사 등록번호 • 제313-2010-123호
주소 • 서울특별시 마포구 잔다리로 109 이지스빌딩 4층(우편번호 04003)
대표전화 • 02-325-1722 | **팩스 •** 02-326-1723
홈페이지 • www.easyspub.co.kr | **페이스북 •** www.facebook.com/easyspub
Do it! 스터디룸 카페 • cafe.naver.com/doitstudyroom | **인스타그램 •** instagram.com/easyspub_it

총괄 • 최윤미 | **기획 •** 한승우 | **책임편집 •** 이수진, 이수경 | **IT 1팀 •** 이수진, 임승빈, 이수경 | **감수 •** 홍지연
교정교열, 편집진행 • 박명희 | **표지 및 본문 디자인 •** 트인글터 | **인쇄 •** SJ프린팅
마케팅 • 박정현, 한송이, 이나리 | **독자지원 •** 박애림, 오경신
영업 및 교재 문의 • 이주동, 김요한(support@easyspub.co.kr)

ISBN 979-11-6303-465-0 13000
가격 18,000원

'프로그래밍'을 이해했다면 다음은 '알고리즘' 차례, 160가지 그림과 스토리텔링으로 알고리즘 완벽 이해!

알고리즘이란 뭘까요? 컴퓨터 과학에서 알고리즘은 어떤 문제를 해결할 때 계산하는 순서를 제시하는 것을 말합니다. 한마디로 정리하면 '문제를 푸는 계산법'이죠.

같은 문제라도 여러 가지 알고리즘을 사용해서 해결할 수 있습니다. 내가 선택한 알고리즘이 문제를 빠르게 풀지 못한다면 다른 알고리즘을 찾아야 합니다. 이때 어떤 알고리즘이 적합한지, 얼마나 효율적인 알고리즘인지 판단하는 게 중요하겠죠? 그래서 알고리즘을 평가하는 척도인 '시간 복잡도'도 자세하게 알아봅니다.

스택, 큐, 정렬, 이진 트리, …
프로그래밍 공부하는데 알고리즘이 발목을 잡았다면!

이 책은 여러 가지 알고리즘을 가볍게 훑어보면서 여러분이 컴퓨터와 프로그래밍에 친숙해지도록 돕습니다.

'이제 프로그래밍을 모르면 큰일나겠다'며 걱정하는 분,

컴퓨터의 정보기술을 잘 활용하고 싶은 분,

알고리즘을 알고는 있지만 기초를 다시 확실하게 다지고 싶은 분 등 모든 분께 이 책을 추천합니다.

이제 막 알고리즘과 프로그래밍에 흥미를 느끼고 배우기 시작한 분이라면 이 책이 더욱 안성맞춤입니다. 알고리즘의 기초 내용을 총망라하여 프로그래밍 입문자를 위한 첫 교재로 적합하기 때문입니다. 프로그래밍 전문 서적으로 공부할 때 이해를 돕는 부교재로 활용하셔도 좋습니다.

160가지 그림과 동물들의 대화,
골치 아픈 '시간 복잡도'도 단번에 이해한다!

다람쥐, 거북이, 순록 이렇게 3마리 동물이 등장해서 우리 주변에서 볼 수 있는 다양한 문제를 알고리즘이나 데이터 구조를 적용해서 해결합니다. 여러분도 이 동물들과 함께 효율적인 알고리즘이 무엇인지 고민하고 일상생활에서 활용해 보세요. 컴퓨터 또는 스마트폰에서 우리가 흔히 사용하는 애플리케이션이나 서비스가 어떤 알고리즘으로 움직이는지 알아보는 것도 재미있습니다. 알고리즘이 실제로 어떻게 쓰이는지 좀 더 깊이 이해할 수 있으니까요.

이 책은 초등학교 고학년 학생부터 성인까지 알고리즘을 공부하고 싶어하는 모든 분께 추천합니다. '시간 복잡도'를 설명할 때 중학교와 고등학교 수준의 수학을 사용해서 조금 어려워 보일 수도 있지만 동물들의 대화 내용을 읽다 보면 쉽게 이해할 수 있을 거예요.

그림을 먼저 보고 나서 그 옆에 동물들이 해설하는 대화 내용을 꼼꼼히 읽는 것이 가장 바람직하지만, 초등학생이거나 시간이 없다면 그림만 보아도 괜찮습니다.

❶

❷

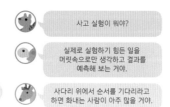

그림으로 이해하는 '버블 정렬'의 개념   동물들이 해설하는 대화 내용

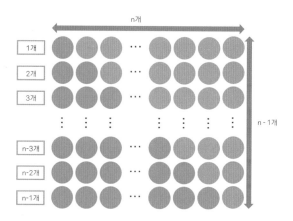

그림으로 이해하는 '시간 복잡도'의 계산식

파이썬으로 연습하는 알고리즘,
인터프리터 설치와 손으로 써보는 문제까지 있어서 입문자도 OK!

손으로 직접 써보는 예제와 컴퓨터를 사용해서 프로그램을 작동해 보는 연습 문제도 풍성합니다. 프로그램을 직접 작동해 보는 〈도전! 프로그래밍〉에서는 파이썬python을 사용합니다. 파이썬은 인공지능 프로그래밍에 활용할 수 있으면서 누구나 쉽게 배울 수 있는 언어이기 때문입니다.

본문에서 코딩할 때에는 먼저 책의 마지막 〈부록〉에서 소개하는 방법대로 파이썬을 설치하고 실제 프로그램의 코드를 작성해 보세요. 앞에서 배운 알고리즘의 기능을 직접 경험할 수 있습니다.

답안지

대기자 **1, 2, 3**을 사다리에 그리세요.

손으로 쓰면서 알고리즘 연습하기

파이썬으로 알고리즘 연습하기

"그냥 외우기만 했는데, 이제 확실히 알겠어!"
알고리즘을 제대로 이해할 수 있는 기회!

이 책을 프로그래밍 초보자가 본다면 '그래, 내가 알고 있던 알고리즘 논리가 맞네', '아하, 이런 뜻이었구나!', '이제 확실히 알았어!' 이런 기분을 맛보셨으면 좋겠습니다. 알고리즘을 이미 공부했지만 기초를 다시 배우고 싶은 분이라면 '여태까지 이것도 모르고 지냈던 거야?' 하면서 불안해할 수 있는데, 괜찮습니다. 그동안 큰 문제가 없었거나, 혹시 문제가 발생했더라도 그에 맞게 대처할 능력이 있었기에 지금까지 잘 지냈던 것이니까요. 앞으로 새롭게 알게 된 내용을 배우고 익혀서 문제를 이전보다 더 수월하게 해결할 수 있다면 오히려 전화위복이 될 수 있습니다.

집필을 마치며…

이 책을 덮은 후 알고리즘이 여러분께 더 재미있는 존재가 되길 바랍니다. 컴퓨터나 알고리즘을 다룰 때 '이 기능은 이런 구조로 작동하는구나', '이 프로그램은 어떤 알고리즘을 사용해서 만들었을까?' 등을 상상할 수 있다면 그것으로 더 바랄 것이 없습니다.

마츠우라 켄이치로, 츠카사 유키 드림

01
꺼내자
— 데이터 구조

02
찾아보자
— 검색 알고리즘

03

늘어놓자
— 정렬 알고리즘

04

숨기자
— 암호와 보안

05

생각하자
— 인공지능(AI)

32가지 알고리즘 필수 개념 사전

이 책을 읽으면 알고리즘에서 사용하는 32가지 개념을 모두 이해할 수 있습니다!
쪽수를 따라가 바로 확인해 보세요~

혼자 공부해도 충분하고 교재로도 훌륭해요!
8회 완성 목표를 세우고 '알고리즘'을 격파하세요!

코딩 독학자, 기초 프로그래밍을 가르쳐야 하는 선생님, 학부모님께도 추천합니다!

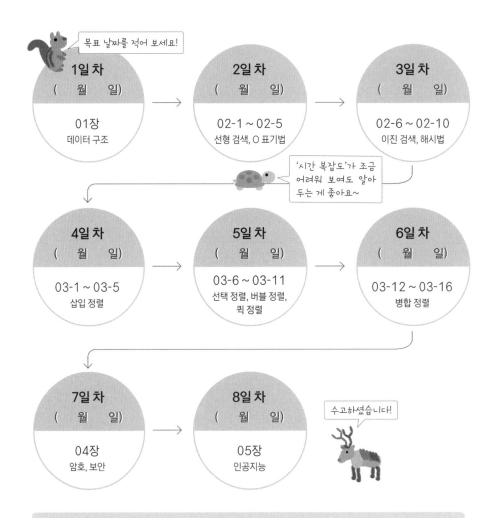

목표 날짜를 적어 보세요!

1일 차
(월   일)
01장
데이터 구조

2일 차
(월   일)
02-1 ~ 02-5
선형 검색, O 표기법

3일 차
(월   일)
02-6 ~ 02-10
이진 검색, 해시법

'시간 복잡도'가 조금 어려워 보여도 알아 두는 게 좋아요~

4일 차
(월   일)
03-1 ~ 03-5
삽입 정렬

5일 차
(월   일)
03-6 ~ 03-11
선택 정렬, 버블 정렬, 퀵 정렬

6일 차
(월   일)
03-12 ~ 03-16
병합 정렬

7일 차
(월   일)
04장
암호, 보안

8일 차
(월   일)
05장
인공지능

수고하셨습니다!

Do it! 공부단에 참여하고 스스로 발전하는 독자가 되어 보세요!
Do it! 스터디룸(cafe.naver.com/doitstudyroom)을 방문해 'Do it! 공부단'에 참여해 보세요!
공부 계획을 올리고 완료하면 책 1권을 선물로 드립니다(단, 회원가입 및 등업 필수).

01

꺼내자 — 데이터 구조

프로그래밍에 필요한
데이터를 꺼내자!

알겠어!

알고리즘이란 특정 문제를 효율적이고 빠르게 해결하는 절차, 방법, 명령어를 통틀어 의미합니다. 컴퓨터에서 문제를 해결하려면 저장된 데이터를 꺼내는 작업을 먼저 해야 합니다. 이때 데이터 구조가 컴퓨터 프로그래밍에서 사용하는 데이터를 꺼내기 쉽게 도와줍니다.

학습 목표

• 데이터 구조의 종류 알아보기

• 어떤 상황에 적용해야 하는지 이해하기

01-1

편하게 꺼내요
— 데이터 구조

데이터 구조란?

데이터 구조는 데이터를 저장하는 방법입니다. 데이터를 어떻게 사용할 것인지 목적을 정하고 나서 사용하기 쉬운 데이터 구조를 선택합니다.

데이터를 데이터 구조에 저장하는 작업은 물건을 그릇에 담는 것과 비슷한데요. 얼음 조각을 유리컵에 넣었다가 밖으로 꺼내는 과정을 예로 들어 보겠습니다.

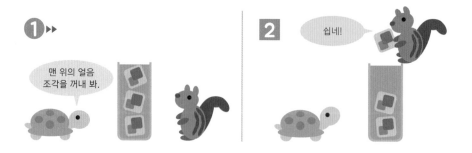

유리컵 맨 밑에 있는 얼음 조각을 꺼내려면 맨 위에 있는 것부터 차례로 꺼내야 합니다. 맨 위에 있는 얼음 조각은 쉽게 꺼낼 수 있지만 나머지는 어떻게 꺼내는 것이 좋을까요?

다람쥐는 1번 얼음부터 차례로 꺼내면 마침내 3번 얼음을 꺼낼 수 있습니다. 데이터 구조에서 데이터를 출력하는 작업도 그릇에서 물건을 꺼내는 것과 비슷합니다. 어떤 데이터 구조를 선택하느냐에 따라 데이터를 쉽게 출력할 수 있는지 그렇지 않은지가 결정됩니다.

문제 │ 책을 쉽게 꺼내려면 어떻게 해야 할까?

가운데에 있는 책을 쉽게 꺼내는 방법을 알아봅시다.

방법 1: 바닥에 책을 쌓는다

방법 2: 책장에 책을 진열해 둔다

정답 │ 풀이를 확인해 보자!

방법 1: 바닥에 책을 쌓았다면

❶ ▸▸ 먼저 맨 위에 있는 책부터 치워야 해.

❷ 가운데에 있는 책을 꺼냈어.

방법 2 : 책장에 책을 진열해 두었다면

방법 1에서는 두 번 작업해야 목적한 책을 얻을 수 있는 반면, **방법** 2에서는
단 한 번만으로도 책을 꺼낼 수 있습니다. 책장에 책을 진열해 두면 찾기 쉬
우니까요.

 같은 작업이라도 데이터를 어떻게 관리하느냐에
따라 쉬울 수도, 어려울 수도 있구나.

 데이터 구조와 사용법 몇 가지를 알아 두면
작업에 맞게 선택할 수 있겠어.

 그러면 이제 대표적인 데이터 구조와 사용법을
알아보자.

01-2

쌓아 올려요
— 스택

스택과 푸시

스택^{stack}은 맨 마지막에 저장한 데이터를 가장 먼저 처리할 수 있는 데이터 구조입니다. 01-1절에서 얼음 조각을 채운 유리컵은 스택을 나타냅니다. 방금 저장한 데이터 위에 다음 데이터를 쌓아 올리는 모습을 말하죠.

스택에 데이터를 넣는다: 푸시

스택에 데이터를 직접 넣는 작업을 **푸시**^{push}라고 합니다.

스택에서 데이터를 꺼낸다: 팝

마지막 데이터는 유리컵에 담긴 얼음 조각처럼 바로 꺼낼 수 있습니다. 스택에서 데이터를 꺼내는 작업을 **팝**^{pop}이라고 합니다.

이처럼 맨 마지막에 넣은 데이터를 가장 먼저 꺼내는 저장 방식을 라스트 인퍼스트 아웃^{last in first out, LIFO}, 곧 **후입 선출**이라고 합니다.

알고리즘 문제 | ## 스택을 사용해서 프로그램을 작성해 보자!

스택에 데이터를 입력하거나 출력하는 프로그램을 만들어 봅시다. 스택에 데이터 ○, △, □를 차례로 입력한 뒤 하나씩 출력하는 순서를 글로 작성해 보세요.

앞에서 얼음 조각을 스택에 넣고 꺼내는 작업을 했지. 이번에는 데이터를 사용해서 똑같이 해보자.

 컴퓨터에서 실행하는 작업 순서를 기록한 것을 **프로그램**이라고 해.

 이 문제로 바로 프로그래밍을 할 수 있겠네.

 응. 글로 적을 거야.

 글로 적으면 컴퓨터로 바로 실행할 수 있어?

 그건 아니야. 컴퓨터가 실행할 수 있도록 프로그래밍 언어인 파이썬 (python)으로 번역해 줘야 해. 이 책에서 다루는 파이썬 프로그램은 컴퓨터로 실행할 수 있어.

 파이썬 프로그램도 읽을 수 있으면 좋겠다.

 파이썬 프로그램 언어를 해석하면 어떤 내용인지 알 수 있을 거야.

 자, 그럼 프로그램 순서를 적어 볼까? 앞부분은 미리 작성해 뒀어.

 빈칸을 채워 보자.

답안지

(3) ~ (5)의 빈칸을 채워 보세요.

손으로 직접 적어 보세요!

(1) 빈 스택을 준비합니다.

(2) 스택에 '○'를 넣습니다.

(3)

(4)

(5)

▶ 정답은 01-2절 끝에 있습니다.

도전! 프로그래밍

글로 작성한 프로그램 순서를 파이썬으로 옮겨 봅시다.

 데이터를 저장할 스택을 준비하자.

파이썬을 사용해서 스택을 준비합니다. 이 스택은 다음과 같이 작성할 수 있습니다.

```
실행 화면                                              ─ □ ×

x = []
```

[]는 빈 스택입니다. x = [] 문장을 실행하면 빈 스택 1개에 x라는 이름이 붙습니다.

이 프로그램은 파이썬의 자료형인 리스트^{list}를 활용해서 스택을 준비한 것입니다. 리스트는 배열을 활용한 데이터 구조의 한 종류입니다.

▶ 배열은 01-6절에서 다룹니다.

이제 파이썬 인터프리터에서 실행해 보겠습니다. 파이썬을 설치했다면 설치 가이드를 따라 인터프리터를 실행하세요. 다음 실행 화면처럼 Python 3....에 이어서 프롬프트 >>>가 표시됩니다.

▶ ....는 설치한 파이썬 프로그램의 버전에 따라 달라집니다.

```
실행 화면                                              ─ □ ×

Python 3....
Type "help", "copyright", "credits" or "license" for more information.
>>>
```

프롬프트가 표시되면 인터프리터에 프로그램을 입력할 수 있습니다. x = []
라고 입력하고 Enter를 누르세요. 다음 실행 화면처럼 프롬프트가 표시되면
프로그램을 계속 실행할 수 있습니다.

▶ 잘 진행되지 않으면 〈부록 2〉를 참고하세요.

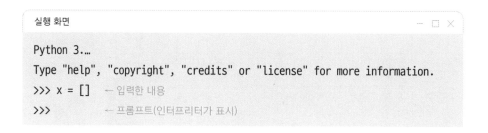

x라고 이름을 붙인 대상이 무엇인지 화면에 표시해 봅시다. 프롬프트 뒤에 x
를 입력하고 Enter를 누르세요. x라는 이름이 붙은 데이터 내용을 확인할 수
있습니다.

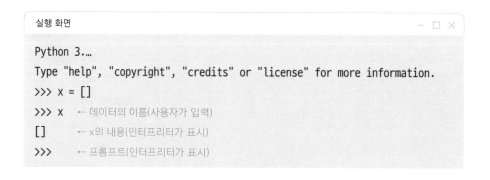

x가 빈 스택 []인 것을 알 수 있습니다. 이처럼 데이터에 x와 같은 이름을 붙
이는 구조를 **변수**라고 합니다.

이번에도 프로그램 순서를 그림으로 먼저 보고 한글과 파이썬으로 옮기겠습니다.

한글	스택에 데이터 '○'를 넣습니다.
파이썬	x.append('○')

한글	스택에 데이터 '△'를 넣습니다.
파이썬	x.append('△')

한글	스택에 데이터 '□'를 넣습니다.
파이썬	x.append('□')

파이썬 코드를 한 줄씩 입력하고 행 마지막에 [Enter]를 눌러서 실행하세요. 문자인 ○를 입력할 때에는 앞뒤에 작은따옴표를 붙여 '○'라고 입력합니다.

이렇게 스택에는 모든 데이터를 넣을 수 있습니다.

이제 스택의 내용을 확인해 봅시다. 다음 화면처럼 실행하면 ○, △, □ 순서로 데이터를 넣은 것을 확인할 수 있습니다.

```
실행 화면                                          – ☐ ✕

>>> x                    ← 데이터의 이름(사용자가 입력)
['○', '△', '□']          ← x의 내용(인터프리터가 표시)
```

21

지금까지 스택에 데이터를 넣는 과정을 알아봤습니다. 다음으로 스택에서 데이터를 꺼내는 과정을 살펴보겠습니다. 다음 실행 화면처럼 스택에서 데이터를 1개 꺼내 볼게요. 바로 마지막에 넣은 '□'입니다.

실행 화면   − □ ✕

```
>>> x.pop()     ← 스택에서 데이터 꺼내기(사용자가 입력)
'□'             ← 꺼낸 데이터(인터프리터가 표시)
```

 지금까지 작성한 프로그램 순서와 실행한 프로그램을 정리해 보자.
그런 다음 글로 작성한 프로그램 순서를 파이썬 프로그램으로 한 줄씩 옮겨 보자.

한글로 작성한 프로그램 순서(답안지 정답)

빈 스택을 준비합니다.
스택에 데이터 '○'를 넣습니다.
스택에 데이터 '△'를 넣습니다.
스택에 데이터 '□'를 넣습니다.
스택에서 데이터를 꺼냅니다.

파이썬으로 번역한 예

```
x = []
x.append('○')
x.append('△')
x.append('□')
x.pop()
```

01-3

빨리 온 순서로 줄을 서요
— 큐

큐란?

큐^{queue}는 맨 처음 저장한 데이터를 먼저 처리하는 데이터 구조입니다.

다른 말로 대기 행렬이라고도 하는데요. 스택은 맨 마지막에 입력한 데이터를
가장 먼저 처리하는 반면, 큐에서는 맨 처음 저장한 데이터를 가장 먼저 처리
합니다. 큐와 데이터는 에스컬레이터와 에스컬레이터를 타는 사람의 관계와
비슷한데요. 에스컬레이터를 여러 명이 이용하는 경우를 떠올려 봅시다.

큐에 데이터를 넣는다

큐에서 데이터를 꺼낸다

그림에서 볼 수 있듯이 에스컬레이터를 타는 순서와 내리는 순서는 모두 같습니다. 에스컬레이터를 먼저 탄 사람이 먼저 내리는 구조이죠.

이처럼 맨 처음 입력한 작업을 가장 먼저 처리하는 저장 방식을 퍼스트 인 퍼스트 아웃$^{\text{first in first out, FIFO}}$, 곧 **선입 선출**이라고 합니다. 스택에서 사용하는 후입 선출과 반대되는 개념이라고 할 수 있어요.

알고리즘
문제 │ 어떤 데이터 구조를 골라야 하지?

 스택과 큐를 익숙하게 사용하자.

데이터를 처리하는 데 적합한 데이터 구조를 고를 때에는 효율성을 비교해 보아야 합니다. 롤러코스터를 타려고 줄을 서 있는 이용객을 생각해 봅시다. 모든 이용객이 롤러코스터를 공평하게 이용할 수 있는 방법은 무엇일까요?

스택	큐
① 사다리를 준비합니다(실제로는 사다리에 줄을 서진 않지만요). ② 롤러코스터 이용객은 도착한 순서대로 사다리 위로 올라갑니다. ③ 사다리에서 먼저 내려오는 이용객부터 롤러코스터에 탑니다.	① 롤러코스터 이용객이 도착한 순서대로 나란히 줄을 섭니다. ② 맨 앞부터 차례로 롤러코스터에 탑니다.

이 문제에서 예시로 제시한 상황은 실제로 일어나지 않잖아?

사고 실험에서는 이런 말도 안 되는 상황을 가정할 수 있어.

사고 실험이 뭐야?

실제로 실험하기 힘든 일을 머릿속으로만 생각하고 결과를 예측해 보는 거야.

사다리 위에서 순서를 기다리라고 하면 화내는 사람이 아주 많을 거야.

방법 1: 스택을 사용하자!

사다리 위에서 기다리는 이용객이 모두 롤러코스터를 타는 경우를 생각해 봅시다. 여기에서는 대기자 수가 롤러코스터 탑승 정원보다 적거나 같을 때를 가정할 거예요. 기다리는 이용객이 2명이고 롤러코스터의 탑승 정원도 2명이라고 해볼게요.

사다리에 첫 번째 대기자 1을 그려 넣었어요.
이어서 2번째 이용객이 왔습니다. 사다리에 대기자 1과 2를 그려 넣었습니다.

이제 롤러코스터를 탈 시간입니다. 대기자 1과 2 중에 누가 먼저 타게 될까요?

사다리에서 먼저 내려오려면 맨 아래에 있어야 하겠지.

사다리 그림에서 맨 아래에 있는 대기자가 먼저 내려올 거야.

사다리에서 가장 먼저 내려오는 사람은 대기자 **2**입니다. 따라서 대기자 **2**가 롤러코스터를 먼저 타게 됩니다. 다음으로 대기자 **1**이 사다리에서 내려와 롤러코스터를 타면 롤러코스터가 출발합니다.

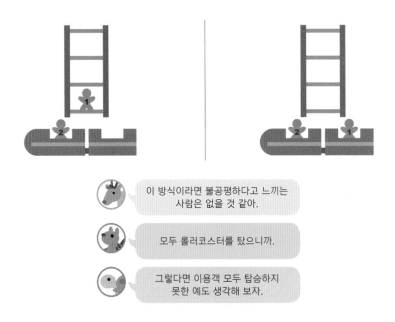

이번에는 대기자 수가 롤러코스터 탑승 정원보다 많은 경우를 가정합시다. 기다리는 이용객이 3명인데 탑승 정원은 2명입니다. 사다리에는 대기자 1, 2, 3이 다음 순서대로 있습니다.

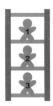

롤러코스터가 도착해서 대기자 2명이 탔습니다. 이때 사다리와 롤러코스터의 상태를 그려 보세요.

대기자 **1, 2, 3**을 사다리에 그리세요.

이어서 4번째 이용객인 대기자 **4**와 5번째 이용객인 대기자 **5**가 왔습니다. 이
상황을 그려 보세요. 이때 대기자 **1**은 두 계단 위로 올라가야겠죠.

대기자 **1, 4, 5**를 사다리에 그리세요.

27

롤러코스터가 도착해서 대기자 2명을 태우고 출발했습니다. 이때 사다리와 롤러코스터의 상황을 그리세요.

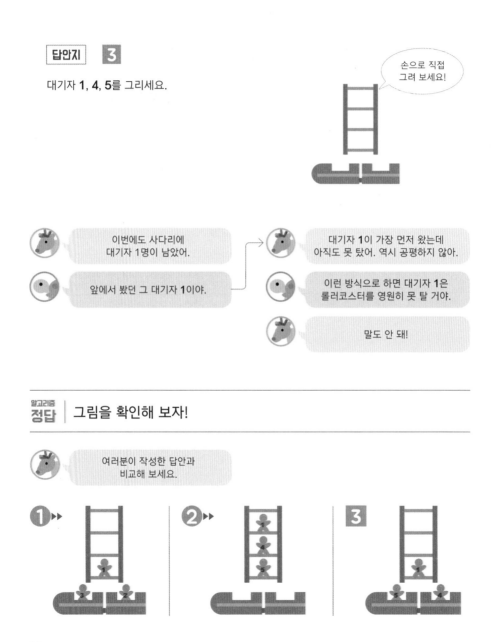

답안지 3

대기자 **1, 4, 5**를 그리세요.

손으로 직접
그려 보세요!

이번에도 사다리에
대기자 1명이 남았어.

대기자 **1**이 가장 먼저 왔는데
아직도 못 탔어. 역시 공평하지 않아.

앞에서 봤던 그 대기자 **1**이야.

이런 방식으로 하면 대기자 **1**은
롤러코스터를 영원히 못 탈 거야.

말도 안 돼!

알고리즘
정답 | 그림을 확인해 보자!

여러분이 작성한 답안과
비교해 보세요.

방법 2: 큐를 사용하자!

 이번에는 이용객이 큐 방식으로 롤러코스터를 기다리는 경우를 생각해 보자.

 큐는 대기 행렬이니까 모든 이용객이 골고루 탈 수 있을 것 같아.

 내가 가장 먼저 왔어.

 나도 롤러코스터를 타고 싶어.

 큐 방식에서는 도착한 순서대로 줄을 서면 돼.

 그럼 난 거북이 뒤에 서야겠다.

 내가 가장 마지막에 왔어. 다람쥐 뒤에 서 있을게.

 롤러코스터가 왔어. 둘만 탈 수 있어.

큐 방식대로라면 맨 앞에 서 있어야 먼저 탑승할 수 있어.

 도착한 순서대로 타니까 좋구나.

 내가 가장 먼저 왔으니까 첫 번째로 탈게.

 거북이 뒤에 내가 서 있었으니까 2번째로 탈 거야. 거북이 뒷자리에 말이지.

 나는 기다렸다가 다음 롤러코스터가 오면 타야겠네. 괜찮아.

 큐를 사용하니까 롤러코스터에 모두 공평하게 탈 수 있어서 좋다!

 맨 먼저 온 거북이부터 마지막에 온 순록까지 차례차례 탈 수 있으니까.

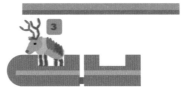

 그렇다면 큐는 스택보다 사용하기 편리한 데이터 구조라고 할 수 있을까?

 어떤 데이터 구조를 사용하는 것이 좋을지는 해결할 문제에 따라 달라져.

 스택을 사용하면 잘 해결되는 문제도 있고, 큐나 스택 중에 아무거나 사용해도 되는 문제도 있지 않을까?

 그럼 다음으로 상황마다 어떤 데이터 구조를 선택해서 문제를 해결 해야 하는지 차이를 비교해 보자.

01-4

스택과 큐
비교하기

문제에서 얻는 답이 같아도 어떤 데이터 구조를 사용하느냐에 따라 처리 과정
에서 겪는 어려움의 정도는 달라집니다.

무작정 데이터를 쌓아 보자

먼저 데이터 구조를 사용하지 않고 데이터를 쌓는 예를 들어 보겠습니다.

여기저기 흩어져 있는 데이터에서
원하는 데이터를 찾으려면 어떻게
해야 할까요?

이처럼 데이터가 흩어져 있으면 원하는 데이터를 찾기 힘듭니다.

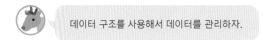

데이터 구조를 사용해서 데이터를 관리하자.

스택을 사용해 보자

스택을 사용해서 데이터를 쌓아 봅시다.

쌓아 놓은 데이터에서 가장 마지막에 넣은 데이터를 꺼냅니다.

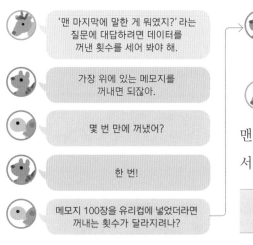

메모지가 아무리 많아도 맨 마지막에 넣은 게 맨 위에 있어. 그러니까 한 번만 시도해도 마지막에 넣은 메모지를 꺼낼 수 있어.

메모지, 곧 데이터를 꺼내는 횟수를 표로 정리해 보자.

맨 마지막에 넣은 데이터를 스택에서 꺼내려면 몇 번 시도해야 할까요?

데이터 수(개)	스택을 사용해서 꺼낸 횟수(회)
3	1
100	1
n	1

데이터 수가 왜 n이야?

 데이터가 몇 개일지라도 데이터를 꺼내는 횟수는 반드시 1이야. 즉, 데이터가 n개여도 데이터를 꺼낸 횟수는 한 번이야.

 데이터가 1개일 때, 100개일 때, 1000개일 때… 이렇게 하나씩 살펴보려면 번거로워서 n이라고 했어. n은 양의 정수라면 어느 것이든 될 수 있어.

큐를 사용해 보자

이번에는 큐를 사용해서 데이터를 쌓아 봅시다. 그리고 나서 맨 마지막에 넣은 데이터를 꺼냅니다.

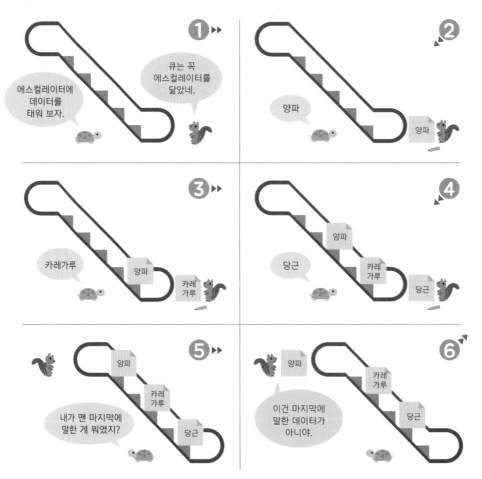

'맨 마지막에 말한 게 뭐였지?'에
답하려면 데이터를 꺼낸 횟수를
세어 봐야 해.

총 세 번이었어. 맨 마지막에 꺼낸
메모지가 내가 찾던 거였거든.

만약 메모지 100장을 에스컬레이터
에 태웠다면 어땠을까?

에스컬레이터에서 맨 마지막으로
올라오는 메모지는 100번째일 거야.
따라서 100번 시도해야 100번째
메모지를 얻을 수 있지.

메모지의 개수와 메모지를
꺼낸 횟수는 같구나.

앞에서 본 스택처럼 데이터를
꺼내는 횟수를 표로 정리해 보자.

맨 마지막에 넣은 데이터를 꺼내려면 몇 번 시도해야 할까요?

데이터 수(개)	큐를 사용해서 꺼낸 횟수(회)	스택을 사용해서 꺼낸 횟수(회)
3	3	1
100	100	1
n	n	1
O 표기법	$O(n)$	$O(1)$

원하는 데이터를 얻는 과정을
나타낼 때 O 표기법을 많이 사용해.
큐를 사용한다면 $O(n)$, 스택을
사용한다면 $O(1)$로 나타내지.

O 표기법은 02-3절, 02-4절에서
자세하게 설명할게.

그럼 큐보다 스택을 사용하면 데이터를 찾는 시간이 덜 걸린다는 거지?

 잠깐! 맨 처음에 넣은 데이터를 꺼내는 횟수를 나타낸 표를 보자.

 맞아. 맨 마지막에 입력한 데이터를 찾을 때는 스택을 사용하는 것이 덜 번거로워.

 큐를 사용하면 금방 꺼낼 수 있어.

맨 처음에 넣은 데이터를 꺼내려면 몇 번 시도해야 할까요?

데이터 수(개)	큐를 사용해서 꺼낸 횟수(회)	스택을 사용해서 꺼낸 횟수(회)
3	1	3
100	1	100
n	1	n
O 표기법	O(1)	O(n)

 처리 과정에 따라 적합한 데이터 구조로 바꿔야겠네.

 데이터를 처리할 때 어울리는 데이터 구조를 찾아야겠구나.

 그렇지. 이어서 데이터를 처리할 때 대표적으로 사용하는 데이터 구조를 알아보자.

01-5

데이터를 담는 컴퓨터의 기억 장치
— 메모리

메모리란?

배열이라는 데이터 구조를 설명하기 전에 기억 장치인 **메모리**^{memory}를 소개
합니다. '배열은 왜 이렇게 되어 있을까?'라는 질문에 '메모리가 그렇게 되어
있어서'라고 답하는 경우가 많기 때문입니다. 배열은 메모리를 순조롭게 사용
할 수 있도록 도와줍니다.

 컴퓨터 부품인 메모리를 자세하게 알고 싶어.

메모리는 다음 그림처럼 생긴 컴퓨터 부품입니다. 컴퓨터 본체의 케이스를 열
면 메모리의 실물을 볼 수 있습니다. 오늘날 컴퓨터는 방대한 양의 데이터를
저장할 수 있는 메모리를 사용합니다. 메모리 용량이 1GB^{기가바이트}라면 알파
벳 기준으로 문자를 10억(1,073,741,824) 개쯤 저장할 수 있습니다.

이 책을 예로 들면 한 쪽에 문자를 대략 900자 넘게 사용하는데, 이를 기준으로 하면 1GB 메모리는 110만 쪽 이상 저장할 수 있다고 볼 수 있겠네요.

메모리

독자 여러분의 컴퓨터 메모리 용량은 몇 기가바이트인지 제품 설명서나 광고 등에서 확인해 보세요.

메모리는 CPU^{중앙 연산 장치}라는 컴퓨터 부품과 연결되어 있습니다. CPU는 계산에 필요한 데이터를 메모리에서 읽고 계산한 후 그 결과를 다시 메모리에 작성합니다.

CPU와 메모리

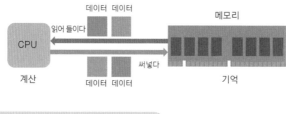

데이터 데이터

읽어 들이다

CPU

계산

데이터 데이터

써넣다

메모리

기억

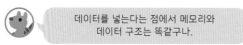

데이터를 넣는다는 점에서 메모리와 데이터 구조는 똑같구나.

메모리에 데이터를 넣는 작업은 책장에 책을 정리하는 것과 비슷합니다. 반대로 메모리에서 데이터를 꺼내는 작업은 책장에서 책을 꺼내는 것과 비슷하죠. 이때 메모리에 저장한 데이터 가운데 원하는 데이터를 어떻게 지정할 것인지가 관건입니다. 데이터를 지정하는 방법이 없으면 어느 데이터를 어떻게 꺼내야 할지 알 수 없기 때문입니다.

데이터를 어떻게 지정할 수 있을까?

실제 메모리에서는 **주소**^{address}라는 번호를 붙여서 데이터의 위치를 지정합니다. 책장 선반에 번호를 붙여 구별하는 것과 같습니다. 즉, 선반 하나에 책(데이터)을 한 권씩 배치하는 건데요. 1GB 메모리라면 선반이 10억 개쯤 있다고 생각하면 됩니다.

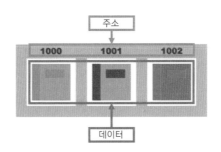

메모리에서 데이터 읽기: 로드

CPU가 메모리에서 데이터를 읽는 작업을 **로드**^{load}라고 합니다. 책장 선반에서 책을 꺼내면 선반에서는 책이 없어지지만, 메모리에서는 데이터를 복사해서 읽기 때문에 원래 데이터가 남아 있다는 점이 다릅니다.

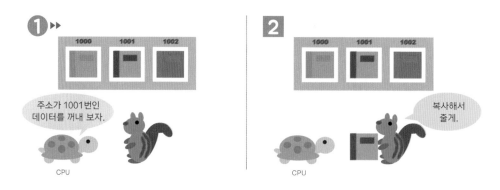

메모리에 데이터 넣기: 스토어

CPU가 메모리에 데이터를 써넣는 작업을 **스토어**^{store}라고 합니다. 메모리에
데이터를 써넣을 때에는 새로운 데이터를 기존 데이터에 덮어쓰기 때문에 원
래 있던 오래된 데이터는 삭제됩니다.

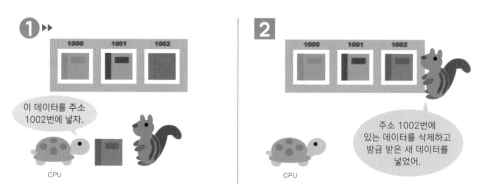

주소를 지정할 때 메모리의 여러 데이터에 접근^{access}해서 읽고 쓸 수 있습니
다. 이러한 접근을 **무작위 접근**^{random access}이라고 합니다. 스택이나 큐와 달
리 무작위 접근을 할 수 있을 때에는 사용자가 찾는 데이터 외에 나머지는 접
근을 방해하지 않습니다.

01-6

메모리의 구조와 비슷해요
— 배열

배열이란?

배열은 메모리와 비슷한 데이터 구조입니다. 어떤 데이터라도 자유롭게 읽고 쓸 수 있다는 특징이 있는데요. 배열-데이터의 관계는 메모리를 설명할 때 예로 들었던 책장-책의 관계와 비슷합니다.

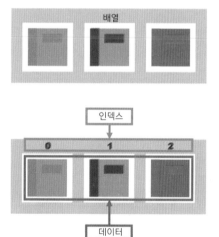

인덱스로 사용하는 정수는 프로그래밍 언어에 따라 다양해. 0 1, 2, …가 아니라 1, 2, 3, …을 사용하기도 하고, 음수(-1, -2, -3, …)를 사용하는 프로그래밍 언어도 있어.

어느 데이터를 읽고 쓸 것인지 지정할 때 메모리는 주소^{address}를 사용하지만 배열은 **인덱스**^{index}를 사용합니다. 다음 그림에서는 정수 0, 1, 2를 인덱스로 사용했습니다.

배열에서 데이터 꺼내기

메모리에서 데이터를 읽고 쓸 때 복사본을 만들어 사용하는 것과 마찬가지로 배열에서도 복사본을 만든 후에 데이터를 꺼냅니다. 이때 오래된 데이터는 배열에 그대로 남아 있습니다.

배열에 데이터 넣기

배열에 새로운 데이터를 넣을 때에도 메모리에 데이터를 쓸 때와 마찬가지로 오래된 데이터가 있으면 덮어써서 삭제합니다.

배열을 사용하는 방법은
메모리와 똑같아.

배열은 이런 방식으로 실행됩니다.

인덱스가 1인
데이터를 꺼내자.

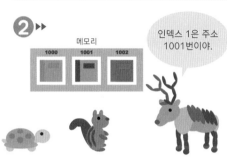

인덱스 1은 주소
1001번이야.

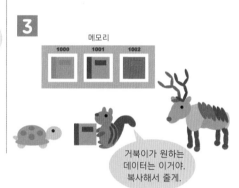

거북이가 원하는
데이터는 이거야.
복사해서 줄게.

인덱스로 주소를 어떻게 계산했어?

배열에서 맨 앞에 있는 주소에
인덱스를 더한 것뿐이야. 예시에서
맨 앞에 있는 데이터의 주소가
1000, 인덱스는 1이었으니까
1000 + 1 = 1001인 셈이지.

인덱스가 2라면
1000 + 2 = 1002겠네.

인덱스 하나가 주소 하나에 각각
대응하는 거야? 그럼 인덱스가
1씩 증가할 때마다 주소도 똑같이
1씩 증가하는 거네.

인덱스 하나가 데이터 1개
크기만큼의 주소에 대응해.
다음 공식으로 계산하면 돼.

주소를 구하는 공식

| 배열 맨 앞에 있는 데이터의 주소 | + | 데이터 1개의 크기 | × | 인덱스 |

43

배열에서 맨 앞에 있는 데이터의 주소가
2000, 데이터 1개의 크기는 4,
인덱스가 3일 때 주소는?

2000 + 4 × 3, 이렇게 계산하면 돼.

알고리즘
정답 | 2012

배열은 메모리를 이용할 때 기본으로 사용하는 데이터 구조입니다. 앞에서 살펴본 스택과 큐로 배열을 사용해서 만드는 경우도 있습니다. 01-2절에서 스택을 배울 때 파이썬의 인터프리터에서 스택이 어떻게 실행되는지 직접 확인할 수 있었죠? 이때 스택도 배열을 사용해서 나타낸 건데요. 파이썬의 리스트는 배열 형태의 구조이기 때문입니다.

도전! 프로그래밍
— 배열로 단어 재조합하기

배열에서 데이터를 꺼내 프로그램을 입력해 보겠습니다. 배열을 사용해서 fart^{방귀}를 raft^{뗏목}로 만들어 볼게요. 먼저 글로 작성해 보겠습니다.

fart에서 raft를 만들어 보자!

fart를 raft로 만든다고?

배열에 넣은 'f', 'a', 'r', 't'를 잘 매만져서 'r', 'a', 'f', t'로 만들면 돼.

배열을 이용해 말장난하는 놀이구나.

fart

raft

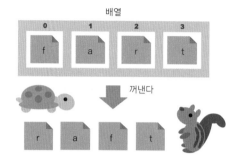

배열

배열에 'f', 'a', 'r', 't'를 넣고
'r', 'a', 'f', 't'를 꺼내는 순서를
글로 작성해 보자.

인덱스를 지정하고 데이터를
꺼내는 작업이 중요해. 파이썬에서
인덱스는 0부터 시작해.

답안지

(3)~(5)의 빈칸에 직접 쓰세요.

손으로 직접
적어 보세요!

(1) 배열에 'f', 'a', 'r', 't'를 넣습니다.

(2) 인덱스가 2인 데이터를 꺼냅니다.

(3)

(4)

(5)

도전! 프로그래밍

처음에는 'r'을 꺼내고 싶어.
인덱스는 2야.

알았어. 인덱스가
2인 데이터를 꺼낼게.

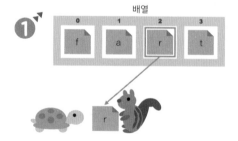

다음으로 'a'는 인덱스가 1이야.

알았어. 인덱스가 1인 데이터를 꺼낼게.

그다음 'f'는 인덱스가 0이야.

알았어. 인덱스가 0인 데이터를 꺼낼게.

마지막으로 't'는 인덱스 3이야.

알았어. 인덱스가 3인 데이터를 꺼낼게. 'raft'를 완성했어!

지금까지 정리한 순서를 파이썬으로 옮겨 보자.

배열

한글로 작성한 프로그램 순서(답안지 정답)	파이썬으로 번역한 예

배열에 'f', 'a', 'r', 't'를 넣습니다.
인덱스가 2인 데이터를 꺼냅니다.
인덱스가 1인 데이터를 꺼냅니다.
인덱스가 0인 데이터를 꺼냅니다.
인덱스가 3인 데이터를 꺼냅니다.

```
x = ['f', 'a', 'r', 't']
x[2]
x[1]
x[0]
x[3]
```

이제 파이썬 프로그램으로 실행해 보자.

파이썬 인터프리터를 실행하세요.

먼저 배열(파이썬 리스트)에 'f', 'a', 'r', 't'를 입력하고 x라고 정의해 볼게요. 즉, x = ['f', 'a', 'r', 't']라고 입력하고 Enter 를 누르세요.

배열에 데이터를 제대로 입력했는지 확인해 봅시다. x를 입력하고 Enter 를 누르세요.

계속해서 x[2]를 입력하고 [Enter]를 누르세요. 'r'이 나타나야 합니다.

실행 화면   － □ ×

```
>>> x[2]    ← 인덱스가 2인 데이터 꺼내기(사용자가 입력)
'r'         ← 꺼낸 데이터(인터프리터가 표시)
```

---

x[1], x[0], x[3]을 입력하세요. 'a', 'f', 't'가 나타나야 합니다.

실행 화면   － □ ×

```
>>> x[1]    ← 인덱스가 1인 데이터 꺼내기(사용자가 입력)
'a'         ← 꺼낸 데이터(인터프리터가 표시)
>>> x[0]    ← 인덱스가 0인 데이터 꺼내기(사용자가 입력)
'f'         ← 꺼낸 데이터(인터프리터가 표시)
>>> x[3]    ← 인덱스가 3인 데이터 꺼내기(사용자가 입력)
't'         ← 꺼낸 데이터(인터프리터가 표시)
```

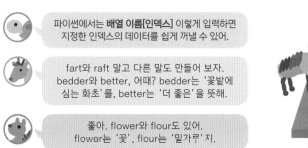

파이썬에서는 **배열 이름[인덱스]** 이렇게 입력하면
지정한 인덱스의 데이터를 쉽게 꺼낼 수 있어.

fart와 raft 말고 다른 말도 만들어 보자.
bedder와 better, 어때? bedder는 '꽃밭에
심는 화초'를, better는 '더 좋은'을 뜻해.

좋아. flower와 flour도 있어.
flower는 '꽃', flour는 '밀가루'지.

01-8

화살표로 연결해요
― 연결 리스트

연결 리스트란?

연결 리스트는 데이터와 다음 데이터가 있는 곳을 모두 기록하는 데이터 구조입니다. 데이터가 순서대로 나열되고 포인터(화살표)로 연결된다는 특징이 있어요. 연결 리스트는 줄여서 리스트라고도 하지만, 리스트에는 다양한 의미가 포함되어 있어서 이 책에서는 연결 리스트라는 용어를 사용하겠습니다.

다음 문제를 통해 연결 리스트를 자세히 알아봅시다. 같은 문제를 배열과 연결 리스트를 사용해서 풀어 보고 두 방법의 차이점을 비교해 보겠습니다.

알고리즘 문제 | 배열을 사용해서 박물관을 만들자!

위에서 본 건물 내부의 방

박물관을 배열로, 전시품을 데이터로 가정하고 전시실에 전시품을 넣어 봅시다.

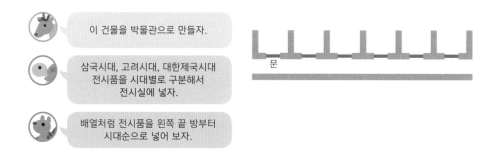

왼쪽 방부터 시대순으로 전시품 넣기

여러분이라면 통일신라시대 전시품을 어느 방에 두겠습니까? 다음 그림에 직접 써보세요.

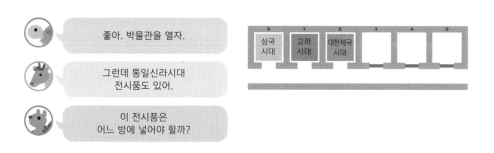

답안지

삼국시대, 통일신라시대, 고려시대, 대한제국시대의 전시품을 각각 어느 방에 넣을지 직접 적어 봅시다.

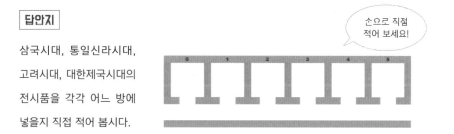

시대순으로 정렬하려면 이동하는 작업이 큰일입니다.

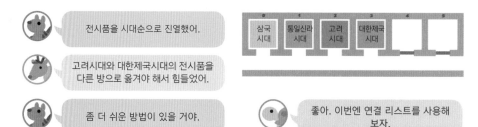

알고리즘 문제 | 시대순 연결 통로를 화살표로 나타내자!

이번에는 연결 리스트를 사용해서 같은 문제를 풀어 보겠습니다.

답안지

전시품이 시대순으로 진열되어 있지 않을 때 방문객이 차례차례 구경할 수 있도록 전시실의 연결 통로를 화살표로 나타내세요.

손으로 직접 적어 보세요!

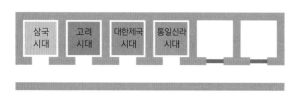

삼국시대 → 통일신라시대 →
고려시대 → 대한제국시대, 이렇게
시대순으로 화살표를 완성했어!

 화살표를 따라가면 시대순으로
구경할 수 있겠네.

 연결 리스트는 이런 구조로 되어 있어.
데이터를 화살표로 연결해서 다음
데이터가 어디에 있는지 알려 주지.

**알고리즘
정답** │ 풀이를 확인해 보자!

연결 리스트(단방향 리스트)

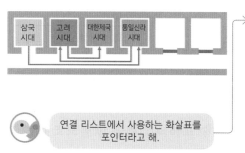

 포인터를 따라가면 첫 데이터부터
마지막 데이터까지 순서대로
살펴볼 수 있어.

연결 리스트에서 사용하는 화살표를
포인터라고 해.

 화살표 반대 방향으로 거꾸로
둘러볼 수도 있을까?

 양방향 화살표를 그리면 뒤에서부터
거슬러 올라가며 구경할 수 있어.
화살표가 한쪽 방향이면 단방향 리스트,
양쪽 방향이면 양방향 리스트라고 해.

양방향 리스트

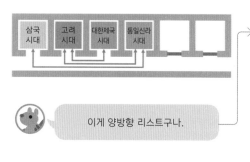

 양방향 리스트가 단방향 리스트보다
편해 보여. 단방향 리스트는
언제 사용할까?

이게 양방향 리스트구나.

 단방향 리스트는 다음에 오는 데이
터만 관리하니까 간단하게 처리할 수
있어. 하지만 양방향 리스트는 데이터
와 데이터 사이까지 모두 관리해.

 그럼 단방향 리스트는 양방향 리스트
가 필요하지 않을 때 사용하면 되겠네.

단방향 리스트는 양방향 리스트보다 간단해서 데이터를 빠르게 처리할 수 있습니다. 데이터를 빠르게 처리하는 프로그램을 개발할 때에는 단방향 리스트와 양방향 리스트를 구분해서 사용합니다. 그러나 일반 프로그램에서는 두 리스트의 속도 차이를 느끼기 어렵습니다. 이 책에서는 이해하기 쉽도록 단방향 리스트를 사용해서 설명하겠습니다.

연결 리스트에서 데이터 삭제하기

데이터를 삭제할 때 다른 데이터를 옮기지 않아도 된다는 것이 연결 리스트의 장점입니다. 박물관 예시로 데이터를 삭제하는 과정을 알아봅시다.

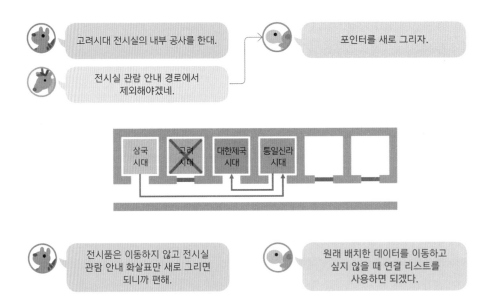

박물관의 전시품처럼 메모리 등에 배치한 데이터를 이동하고 싶을 때 연결 리스트를 사용하면 편리합니다.

연결 리스트의 구조에 익숙해졌나요? 다음 문제를 풀면서 연결 리스트에 데이터를 추가하는 방법을 알아봅시다.

조선시대의 전시품도 있어.

전시실의 연결 통로를
화살표로 표시하자.

박물관에 조선시대의 전시실을 추가하세요. 그리고 동선을 화살표로 표시해서 삼국시대 → 통일신라시대 → 고려시대 → 조선시대 → 대한제국시대 순서로 구경할 수 있게 하세요.

답안지

조선시대 전시실을 추가하고 다른 전시실과 화살표로 연결하세요.

손으로 직접
적어 보세요!

통일신라시대 전시실을 추가할 때와
같은 방법으로 하면 되겠네.

정답에서는 단방향 리스트를
사용했는데, 양방향 리스트를
사용해도 괜찮아.

데이터를 추가한 연결 리스트

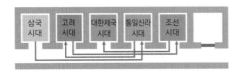

 연결 리스트인 '박물관'에 '조선시대' 데이터를 추가하고 포인터를 수정했어.

 데이터를 추가하기 전과 후의 포인터를 비교했을 때 수정할 포인터만 빨간색으로 표시하면 되니까 편해서 좋아.

데이터를 추가할 때 포인터 수정하기

연결 리스트에서 데이터를 추가하거나 삭제할 때에는 일부 포인터만 수정해도 됩니다. 모든 포인터를 수정하지 않아도 되니 정말 편하죠?

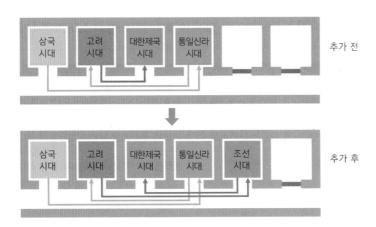

추가 전

추가 후

01-9

나무가 거꾸로 서 있는 모습이야
— 트리 구조

트리 구조란?

트리^{tree} **구조**는 수학에서 인수분해할 때와 비슷한 데이터 구조입니다. 앞에서 연결 리스트는 순서를 매긴 데이터를 나열하는 자료구조라고 배웠는데요. 이번에는 데이터 사이의 계층 관계를 표현하는 트리 구조를 알아보겠습니다.

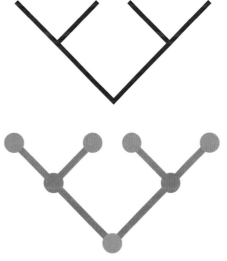

나무가 서 있는 것 같아.

나무 같지 않은데….

그 아래 그림은 어때?

아까보다 나무처럼 보여!

다이렉트 트리

다이렉트 트리에는 루트, 에지, 부모, 리프가 있는데 통틀어서 **노드**^{node}라고 합니다. 그래서 뿌리는 루트^{root} 노드, 부모는 부모 노드, 잎사귀는 리프^{leaf} 노드라고 하죠. 노드는 가지로 연결되는데, 이 가지를 에지^{edge}라고 하고요. 이 책에서는 알아보기 쉽도록 색을 각각 다르게 사용했습니다.

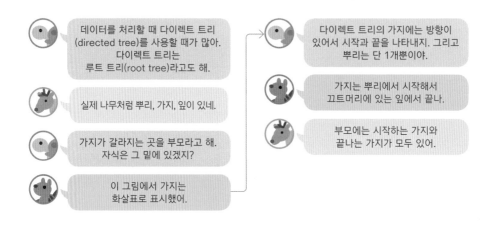

데이터를 처리할 때 다이렉트 트리 (directed tree)를 사용할 때가 많아. 다이렉트 트리는 루트 트리(root tree)라고도 해.

실제 나무처럼 뿌리, 가지, 잎이 있네.

가지가 갈라지는 곳을 부모라고 해. 자식은 그 밑에 있겠지?

이 그림에서 가지는 화살표로 표시했어.

다이렉트 트리의 가지에는 방향이 있어서 시작과 끝을 나타내지. 그리고 뿌리는 단 1개뿐이야.

가지는 뿌리에서 시작해서 끄트머리에 있는 잎에서 끝나.

부모에는 시작하는 가지와 끝나는 가지가 모두 있어.

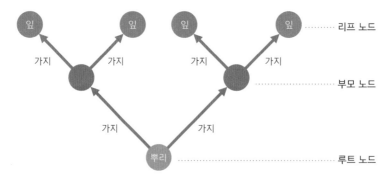

트리 구조 이해하기

다이렉트 트리를 데이터 구조로 응용한 것이 바로 이제부터 소개할 트리 구조 입니다.

트리 구조

이것을 트리 구조라고 해.

앞에서 본 나무 그림이 뒤집힌 것 같아.

트리 구조에서 뿌리는 맨 위쪽에, 잎은 맨 아래쪽에 그려. 뿌리와 잎을 연결하는 가지는 화살표로 그리는데 직선을 사용하기도 해.

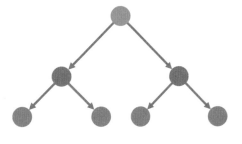

트리 구조에 데이터 넣기

데이터 구조라면, 트리 구조에도 데이터를 저장할 수 있다는 거네?

응. 그림에서 루트 노드, 부모 노드, 리프 노드에 데이터를 저장한 모습을 볼 수 있어.

수학에서 연산할 때 사용하는 기호잖아.

(1 + 2) * (3 + 4) 수식을 트리 구조로 표시한 거야. 트리 구조는 계산 과정을 나타낼 때 적합해. 1-10절에서 자세히 설명할 거야.

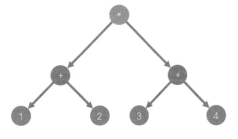

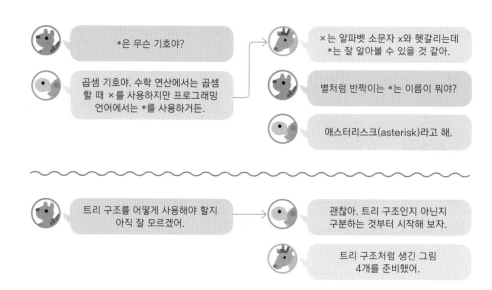

| 어느 것이 트리 구조일까?

트리 구조를 구성하는 주요 조건을 다음 그림 4개를 이용해서 알아봅시다. 설
명하기 쉽도록 루트 노드, 부모 노드, 리프 노드에 번호를 붙였습니다.

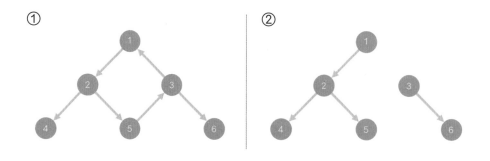

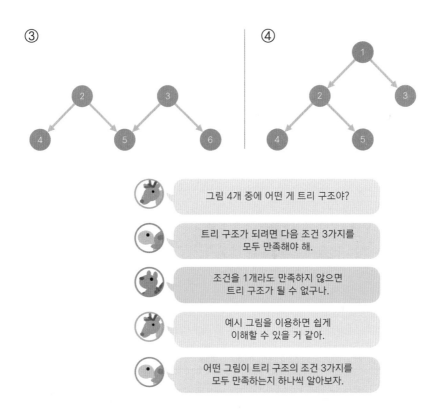

③ ④

그림 4개 중에 어떤 게 트리 구조야?

트리 구조가 되려면 다음 조건 3가지를
모두 만족해야 해.

조건을 1개라도 만족하지 않으면
트리 구조가 될 수 없구나.

예시 그림을 이용하면 쉽게
이해할 수 있을 거 같아.

어떤 그림이 트리 구조의 조건 3가지를
모두 만족하는지 하나씩 알아보자.

트리 구조의 3가지 조건

조건 1: 닫힌 회로가 없습니다. 즉, 시작점과 끝점이 서로 연결되어 있습니다.

조건 2: 루트 노드, 부모 노드, 리프 노드는 에지(가지)로 연결됩니다.

조건 3: 부모 노드와 리프 노드는 각각 에지 1개와 끝점 1개로 되어 있습니다.

닫힌 회로는 화살표를 따라 한 바퀴
돌듯이 시작점과 끝점이 서로 연결
된 것을 말합니다.

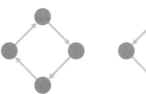

① 트리 구조가 아니다

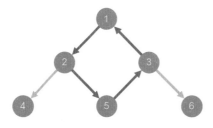

 1에서 출발한 화살표가 2, 5, 3을 지나서 다시 1로 돌아왔어.

 1, 2, 5, 3을 한 바퀴 돌아 닫힌 회로가 만들어졌어.

 닫힌 회로가 만들어지면 안 되니까 이것은 트리 구조가 아니야.

② 트리 구조가 아니다

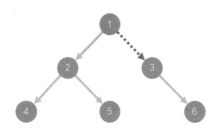

 1에서 3을 잇는 에지가 없어.

 1, 2, 4, 5와 3, 6이 서로 떨어져 있어. 1과 3이 연결되면 트리 구조가 되었을 텐데.

 모든 노드가 에지로 연결되어야 하니까 이것도 트리 구조가 아니야.

③ 트리 구조가 아니다

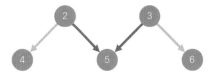

리프 노드에 있는 5에서 화살표 2개가 끝났어.

5는 에지 2개의 끝점이 되었어.

리프 노드는 에지 1개의 끝점이 되어야 하니까 이것도 트리 구조가 아니야.

---

④ 트리 구조이다

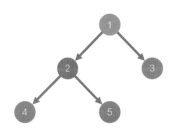

이 그림은 앞에서 말한 트리 구조의 모든 조건을 만족했어.

맞아. 노드를 알아보기 쉽게 하려고 레벨에 따라 색을 다르게 했어.

드디어 트리 구조를 찾았어! 여러분도 이 그림이 트리 구조의 조건 3개를 모두 만족하는지 확인해 보세요.

이진 트리로 표현해요

이진 트리란?

이진 트리라면 루트 노드, 부모 노드에서 시작하는 에지는 1개 또는 2개입니다. 이진 트리를 그릴 때에는 루트 노드와 부모 노드의 왼편과 오른편 양쪽에서 에지를 비스듬하게 뻗어 나가게 합니다.

 트리 구조는 어디에 사용할까?

 내 뿔 대신 사용해도 멋질 것 같아.

 트리 구조를 사용해서 식을 표현할 건데, 그중에 이진 트리를 이용할 거야.

 이진 트리가 뭐야?

 루트 노드 1개, 부모 노드 1개에서 시작하는 에지가 최대 2개까지 있는 트리 구조를 말해.

 그림에서 내 뿔이 나타내는 트리 구조가 바로 이진 트리야.

이번에는 이진 트리를 사용해서
1 + 2 * 3을 나타내 보자.

 파이썬 인터프리터를 사용해서
확인해 보자.

 미리 말해 두는데, 앞에서 본 내 뿔
트리 구조 그림은 1 + 2 * 3 식을 나
타낸 게 아니야. 덧셈보다 곱셈을 먼저
해야 하기 때문이야.

 파이썬 인터프리터에 1 + 2 * 3을
입력하고 Enter를 눌러 봐.

 *은 곱셈 연산 기호지.

 1 + 2 * 3에서 곱셈을 먼저
계산하니까 결과는 7이야.

파이썬 인터프리터를 실행하세요. 인터프리터를 실행하고 있다면 그대로 사
용해도 됩니다.

실행 화면   — ☐ ✕

```
Python 3.…
Type "help", "copyright", "credits" or "license" for more information.
>>> 1+2*3     ← 식(사용자가 입력)
7             ← 계산 결과(인터프리터가 표시)
```

 파이썬 인터프리터가 1 + 2 * 3을
계산해서 계산 결과인 7을 표시했어.

 컴퓨터 내부에서는 다음 그림처럼
트리 구조를 사용해서 식을 표시하고
계산했다고 볼 수 있어.

1 + 2 * 3을 트리 구조로 표현해 보자.

1, 2, 3, ⋯ 등의 값은 리프 노드에 넣는 것으로
끝납니다. 먼저 곱셈으로 계산하는 2와 3의 리프
노드를 만듭니다.

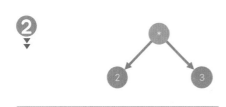

+, * 같은 연산 기호는 부모 노드에 넣습니다. 여기에서는 *라는 부모 노드를 만듭니다. *에서 에지를 뻗어 앞에서 만든 2와 3의 리프 노드와 연결합니다. 2 * 3을 트리 구조로 만들었습니다.

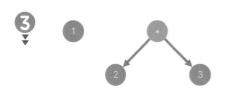

다음으로 계산하는 1 + 2 * 3 식이 되도록 1을 넣은 리프 노드를 만듭니다.

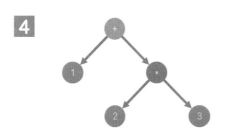

+라는 부모 노드를 만들어서 1과 *를 에지로 각각 연결합니다. 1과 2 * 3의 결과를 더하는 것을 식으로 나타낸 1 + 2 * 3을 트리 구조로 나타냈습니다.

트리 구조의 루트 노드와 부모 노드를 잘 봐. 노드에서 에지가 각각 몇 개 나왔지?

루트 노드와 부모 노드에서 시작하는 에지는 최대 2개니까 지금 우리가 살펴본 트리 구조는 이진 트리구나.

2개씩 나왔어.

이진 트리를 사용해서 식을 계산해 보자. 루트 노드부터 시작해서 트리 구조를 따라가며 계산할 거야.

이진 트리로 1 + 2 * 3 계산하기

루트 노드와 부모 노드에서 2개의 에지가 시작하는 경우, 다음 예시에서는 왼쪽부터 살펴보겠습니다. 물론 1 + 2 * 3 계산에서는 왼쪽과 오른쪽 어느 쪽에지를 먼저 보더라도 결과는 모두 같습니다.

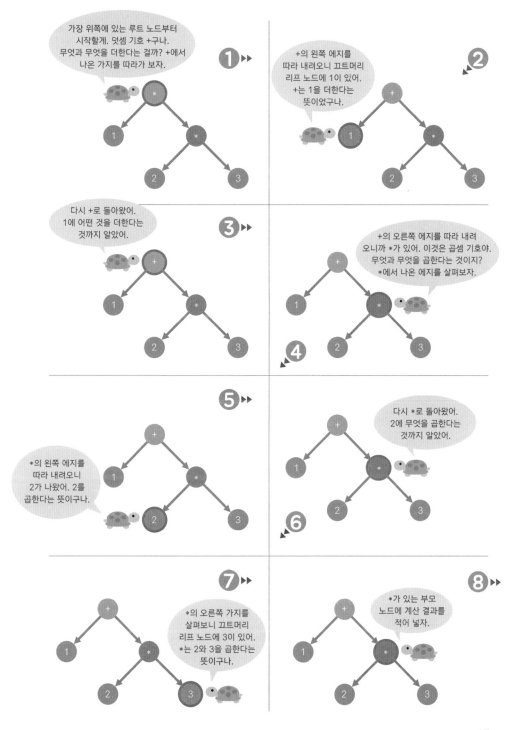

67

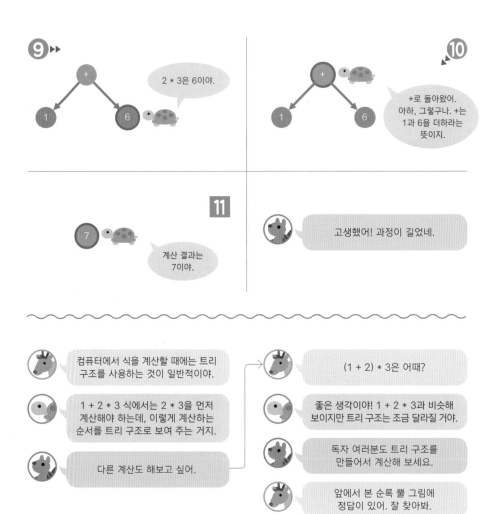

02

찾아보자 — 검색 알고리즘

내가 원하는 데이터를
어떻게 찾지?

검색 알고리즘은 이용자의 목적에 맞게 많은 데이터 가운데 원하는 값을 찾아
주는 시스템입니다. 검색 방법에는 데이터를 하나하나 차례대로 검색하는 **선형
검색**, 데이터를 둘로 나눠 가며 조건에 맞는 값을 찾는 **이진 검색**, 해시 함수를
이용해 손쉽게 값을 찾아내는 **해시법** 등이 있습니다.

학습 목표
- 검색 방법에 따른 알고리즘의 특징 알아보기
- 어떤 데이터에 적용해야 하는지 이해하기

02-1

데이터를 찾아요
— 검색

검색이란?

특정 데이터를 찾아내는 작업을 **검색**^{search}이라고 합니다. 여러분은 보통 어떤
경우에 검색을 하나요? 검색은 컴퓨터에서 자주 사용하는 작업인데요. 컴퓨
터의 빠른 계산 기능과 많은 데이터를 처리할 수 있는 특성을 활용하면 원하
는 데이터를 빠르게 찾을 수 있습니다.

사용자 'reindeer'가 온라인 게임에 접속할 때

컴퓨터에서는 사용자가 알아채기 전에
이미 검색이 진행되는 경우가 종종 있
는데요. 순록이 온라인 게임에 접속하
는 장면을 생각해 봅시다.

손으로 직접 찾는 느린 검색

컴퓨터로 하는 빠른 검색

검색은 자주 사용하는 작업이다 보니 다양하게 고안되어 왔는데요. 이 절에서는 대표적인 3가지 검색 방법을 알아보면서 효율성을 비교해 보겠습니다.

 어떤 데이터를 찾는 거야?

 온라인 게임의 데이터를 예로 들어 보자.

데이터를 검색해 찾는 방법

온라인 게임의 데이터에 '사용자 이름'과 '사용자의 경험치', '사용자가 가진 게임 머니' 데이터가 보관되어 있다고 해봅시다. 게임 사용자가 접속하면 사용자 이름, 예를 들어 여기에서는 'reindeer'를 검색하고 경험치 혹은 게임 머니 같은 게임을 즐길 때 필요한 데이터 묶음을 복사해서 꺼냅니다.

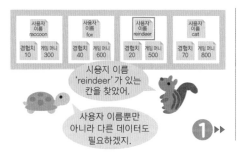

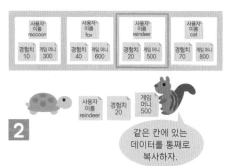

키와 다른 데이터 조합하기

여기에서는 사용자 이름을 이용해서 그 사용자의 다른 데이터를 찾았습니다. 이처럼 검색 목표가 되는 데이터를 키$^{key, 값}$라고 합니다. 컴퓨터에서 많은 데이터를 관리할 때에는 데이터베이스를 활용하는데, 데이터베이스에 저장된 데이터는 각각 다음 그림과 같은 형식으로 되어 있습니다. 키와 키 이외의 데이터가 여러 조합으로 구성됩니다.

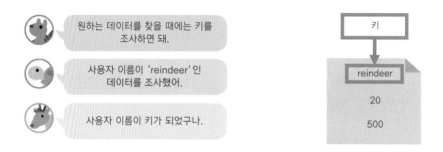

이 책에서는 알아보기 쉽도록 데이터 각각을 꼬리표가 달린 가방으로 표현했습니다. 키를 사용하여 특정 가방을 찾을 때 그 안에 찾으려는 데이터가 담겨 있다는 것을 알 수 있죠.

데이터를 가방에 넣자

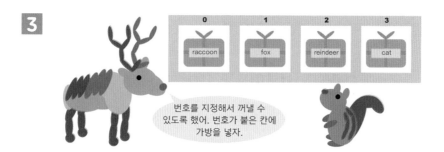

 가방은 어떤 데이터 구조로
만드는 거야?

 여기서는 배열을 번호가 붙은 칸에
가방을 넣은 모습으로 표현했어.

이 절에서는 어느 칸에서나 자유롭게 읽고 쓸 수 있는 배열을 검색 방법으로 사용합니다. 배열을 사용하면 데이터를 쉽게 찾아낼 수 있기 때문입니다. 배열 이외에 다른 데이터 구조, 예를 들어 연결 리스트를 사용해도 데이터를 효율적으로 검색할 수 있습니다.

73

도전! 프로그래밍
─ 게임 아이디로 정보 찾아내기

경험치와 게임 머니 꺼내기

검색 대상인 데이터를 배열에 넣어 봅시다.

파이썬으로 사용자의 데이터를
배열에 넣고 싶어.

우선 사용자의 이름만
간단히 넣어 보자.

파이썬 인터프리터를 실행하세요. 파이썬 프로그램이 컴퓨터에서 이미 실행되고 있다면 그대로 사용하세요.

실행 화면   − □ ×

```
Python 3.…
Type "help", "copyright", "credits" or "license" for more information.
>>>
```

배열 곧, 파이썬 리스트에 'raccoon', 'fox', 'reindeer', 'cat'을 넣습니다. 배열에는 x라고 이름을 붙입니다.

x=['raccoon', 'fox', 'reindeer', 'cat']이라고 입력하고 Enter 를 누르세요.

▶ raccoon은 라쿤, fox는 여우, reindeer는 순록, cat은 고양이입니다.

```
실행 화면                                                    — ☐ ✕

Python 3....
Type "help", "copyright", "credits" or "license" for more information.
>>> x=['raccoon', 'fox', 'reindeer', 'cat']    ← 배열 작성(사용자가 입력)
>>>                                            ← 프롬프트(인터프리터가 표시)
```

데이터가 배열에서 제자리에 정확하게 입력되었는지 확인해 봅시다.

x를 입력하고 Enter 를 누르세요.

```
실행 화면                                                    — ☐ ✕

>>> x                                          ← 배열 이름(사용자가 입력)
['raccoon', 'fox', 'reindeer', 'cat']          ← 배열 내용(인터프리터가 표시)
```

'reindeer'의 데이터를 꺼내 봅시다. x[2]를 입력하고 Enter 를 누르세요.

```
실행 회면                                                    — ☐ ✕

>>> x[2]      ← 인덱스가 2인 데이터 꺼내기(사용자가 입력)
'reindeer'    ← 꺼낸 데이터(인터프리터가 표시)
```

사용자의 이름을 입력하고
꺼낼 수 있구나!

 경험치와 게임 머니도 한곳으로
모아서 정리할 수 있을까?

 배열 안에 배열을 넣은
이중 구조라면 가능해. 한번 해보자.

이번에는 배열 안에 다음처럼 4개의 배열을 넣어 볼게요. 4개의 배열에는 각각 사용자 이름, 경험치, 게임 머니의 데이터가 들어 있습니다.

배열에 있는 4개의 배열

```
['cat', 10, 300]
['dog', 40, 600]
['reindeer', 20, 500]
['fox', 70, 800]
```

다음 실행 화면처럼 입력하고 (Enter)를 누르세요. 이때 줄 바꿈을 하지 말고 그대로 이어서 입력해야 합니다.

실행 화면   − □ ×

```
>>> x = [['raccoon', 10, 300], ['fox', 40, 600], ['reindeer', 20, 500],
['cat', 70, 800]]   ← 배열 작성(사용자 입력)
```

배열에 x라고 이름을 붙였었죠? 배열의 내용을 확인해 봅시다. x를 입력하고 (Enter)를 누르세요.

실행 화면   − □ ✕

```
>>> x          ← 배열 이름(사용자가 입력)
[['raccoon', 10, 300], ['fox', 40, 600], ['reindeer', 20, 500], ['cat',
70, 800]]     ← 배열 내용(인터프리터가 표시)
```

이번에는 'reindeer'의 데이터만 꺼내 봅시다. x[2]를 입력하고 Enter 를 누르세요.

실행 화면   − □ ✕

```
>>> x[2]              ← 인덱스가 2인 데이터 꺼내기(사용자가 입력)
['reindeer', 20, 500]  ← 꺼낸 데이터(인터프리터가 표시)
```

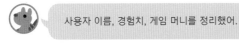
사용자 이름, 경험치, 게임 머니를 정리했어.

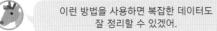
이런 방법을 사용하면 복잡한 데이터도
잘 정리할 수 있겠어.

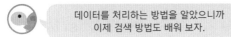
데이터를 처리하는 방법을 알았으니까
이제 검색 방법도 배워 보자.

알고리즘 문제 | 임의로 여러 데이터를 만들고 검색해 보자!

내가 찾는 데이터는
어디에 있을까?

02-3

차례대로 검색해요
— 선형 검색

선형 검색이란?

선형 검색은 맨 앞 또는 맨 마지막 데이터부터 차례로 살펴보면서 원하는 데이터를 찾아내는 방법입니다. 키가 '거북이'인 데이터를 선형 검색으로 찾는 방법을 함께 살펴볼까요?

선형 검색으로 키가 '거북이'인 데이터 찾기

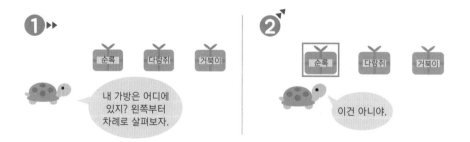

선형 검색에서는 이렇게 데이터를 맨 앞 또는
맨 마지막부터 차례로 검색하는구나.

여기에서는 '거북이'가 맨 마지막에 있어서
찾는 데 시간이 걸렸어.

검색 알고리즘에서는 원하는 데이터를 찾기까지
얼마나 힘들었는지 여기에 주목해야 해.

시간이 얼마나 걸렸을까?

어떤 데이터 구조를 선택하느냐에 따라 데이터를 쉽게 출력할 수 있는지 그렇지 않은지 결정된다는 건 1장에서 배워서 알고 있죠? 검색 알고리즘에서도 사용하는 알고리즘에 따라 답을 찾는 데 드는 시간과 노력이 다르다는 것을 기억하세요. 이때 소비하는 시간과 노력을 '계산량'이라고 하는데, 계산량은 알고리즘이 답을 찾는 데 필요한 시간을 기준으로 삼습니다. 계산량은 02-4절에서 배울 O 표기법을 사용해서 나타냅니다.　▶ O 표기법은 02-4절에서 자세히 설명합니다.

O(n), O(1)이 바로 O 표기법이야.

O 표기법이 계산량을 나타낼 때 사용한다고
미리 알려 준 것이구나.

선형 검색의 계산량을 생각해 보자.

일반적으로 계산량은 계산할 때 사용한 자원의 양을 말합니다. 계산하느라 걸린 시간을 어림잡을 때에는 **시간 복잡도**라 하고, 계산하는 데 필요한 메모리의 양을 생각할 때에는 **공간 복잡도**라고 합니다. 이 책에서 소개하는 검색 알고리즘에서는 각 알고리즘 사이의 시간 계산량이 눈에 띄게 다르므로 시간 복잡도에 중점을 둡니다.

선형 검색의 시간 복잡도

선형 검색에서는 검색할 데이터의 수에 비례해서 계산량이 증가하므로 데이터의 양이 많을수록 원하는 데이터를 찾는 데 시간이 오래 걸립니다.

 선형 검색을 사용해서 다음 문제를 해결해 보자.

알고리즘 문제 | 선형 검색에서 시간 복잡도가 최악일 때는 언제일까?

다음 **데이터 1**과 **데이터 2**에서 선형 검색으로 키가 '거북이'인 가방을 찾아봅시다. 그리고 거북이를 찾을 때까지 '가방의 꼬리표를 조사한 횟수'를 구해 봅시다. 검색은 왼쪽 맨 앞에 있는 데이터부터 시작합니다.

데이터 1

답안지 꼬리표를 ___회 조사해서 키가 '거북이'인 가방을 찾았습니다.

데이터 2

답안지 꼬리표를 ___회 조사해서 키가 '거북이'인 가방을 찾았습니다.

빈칸에 숫자를 적어 넣자.

 먼저 데이터 1에 있는 가방의 꼬리표를 조사한 횟수를 구해 보자.

데이터 1에서 선형 검색으로 키가 '거북이'인 가방을 찾습니다.

이처럼 꼬리표를 총 3회 조사해서 키가 '거북이'인 가방을 찾았습니다.

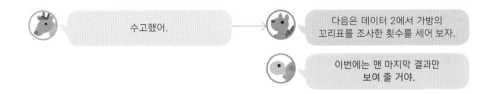

수고했어.

다음은 데이터 2에서 가방의 꼬리표를 조사한 횟수를 세어 보자.

이번에는 맨 마지막 결과만 보여 줄 거야.

데이터 2에서 선형 검색으로 키가 '거북이'인 가방을 찾았습니다.

찾았다!

꼬리표를 총 5회
조사해서 찾았어.

이번에는 꼬리표를 5회 조사해서 키가 '거북이'인 가방을 찾았습니다.

 데이터 1과 2 모두 선형 검색으로 가장 안 좋은 사례야. 거북이의 가방을 맨 마지막으로 찾았으니까.

 거북이의 가방이 맨 앞쪽 가까이에 있었다면 더 빨리 찾을 수 있었을 텐데.

 여기서 얻은 결과를 사용해서 효율성이 가장 떨어지는 선형 검색의 계산량을 짐작해 보자. 이것을 **최악 계산량**이라고 해.

 여기서는 꼬리표를 조사한 횟수, 즉 키를 조사한 횟수를 세어서 계산량을 어림짐작해 보자.

데이터 수에 따라 최대 몇 회까지 조사해야 원하는 키를 찾을 수 있을까요?

데이터 수(개)	조사한 횟수(회)
3	3
5	5
n	n

 최악인 경우는 맨 마지막에 있는 가방이 거북이 것일 때야. 마지막 가방은 몇 번째에 있던 거였지?

 가방이 모두 n개여서 n번째가 거북이의 것이었어.

 가방 n개를 조사하면 거북이의 가방을 찾을 수 있어. 최악일지라도 n회만 조사하면 된다는 거지.

 데이터가 n개일 때 n회 조사해서 찾았다는 것은 무슨 뜻이야?

 데이터 수는 검색 대상인 데이터의 개수를 말해.

선형 검색에서 효율성이 가장 떨어질 때 데이터의 개수와 데이터를 조사한 횟수가 일치한다는 점을 기억하세요. 그래서 선형 검색에서 원하는 데이터를 찾을 때까지 드는 시간과 노력은 데이터 수에 비례해서 늘어날 수밖에 없는 것이죠.

 그렇다면 이번에는 반대로 효율성이 가장 좋을 때 선형 검색의 시간 복잡도가 어떻게 되는지 알아볼까?

 다음 문제를 해결해 보자.

알고리즘 문제 │ **선형 검색에서 시간 복잡도가 최상일 때는 언제일까?**

데이터 3개 가운데 키가 '거북이'인 데이터를 찾아봅시다. 선형 검색에서는 어떻게 해야 키가 '거북이'인 데이터를 빠르게 찾을 수 있을까요? 다음 가방 그림에 키 '거북이', '다람쥐', '순록'을 적어 보세요.

답안지

'거북이', '다람쥐', '순록'을 적어 보세요.

손으로 직접 적어 보세요!

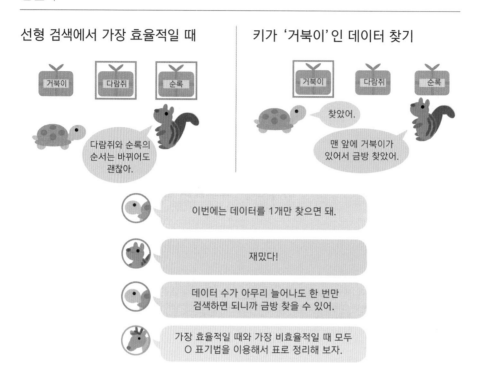

선형 검색에서 가장 효율적일 때 | 키가 '거북이'인 데이터 찾기

선형 검색으로 몇 회까지 조사해야 원하는 키를 찾을 수 있을까요?

구분	데이터 수(개)	조사한 횟수(회)	O 표기법
계산량이 가장 많을 때 (가장 비효율적)	n	n	O(n)
계산량이 가장 적을 때 (가장 효율적)	n	1	O(1)

O 표기법은 다음 02-4절에서 자세히 설명하겠습니다. 계산량에서 평균 계산량, 즉 평균적일 때의 시간 복잡도를 이해하려면 확률 계산을 알아야 합니다. 그래서 효율이 가장 안 좋을 때와 가장 좋을 때의 시간 복잡도를 간단히 살펴봤습니다.

02-4

단순하게 평가해요
─ O 표기법

O 표기법을 사용하는 이유

계산량을 대략 파악할 때 O 표기법을 사용하면 편리합니다.

 계산량을 대략 파악하는
이유는 뭘까?

 아마도 다음 2가지 이유
때문일 거야.

이유 1

실제 프로그래밍에서는 컴퓨터 프로그래밍 언어의 성질, 데이터의 값, 프로그램을 사용하는 방식에 따라 계산하는 데 걸리는 시간이 다릅니다. 그러나 이런 사정을 무시하고 알고리즘의 효율만 이야기할 때에는 대략 계산하는 기법을 사용합니다.

이유 2

알고리즘의 효율을 파악할 때 5단계로 평가하면 편리합니다. 다음 표의 5가지 기법이 흔히 사용하는 O 표기법입니다. n의 값이 클 때는 위쪽으로 갈수록 계산량이 작고 빠른 알고리즘이라면, 아래쪽으로 갈수록 계산량이 크고 느린 알고리즘입니다. O는 오더^{order}라고 읽습니다.

원하는 키를 찾을 때까지 몇 회 조사하는지 O 표기법으로 정리하고 읽어 봅시다.

O 표기법	읽는 방법
O(1)	오더 1
O(log n)	오더 로그 엔
O(n)	오더 엔
O(n log n)	오더 엔 로그 엔
O(n^2)	오더 엔 제곱

빠른 알고리즘

느린 알고리즘

O 표기법의 작성 방법

 O 표기법은 어떻게 작성하는 거야?

 수학 공식을 이용하는 게 원칙이지만 여기서는 간단한 방법을 알려 줄게.

O 표기법을 쓸 때에는 우선 처리할 데이터의 개수를 n으로 둡니다. 마찬가지로 검색에서는 수많은 데이터 가운데 원하는 키를 찾을 때 전체 데이터 개수를 n이라고 합니다. 그리고 O(n)을 **계산량의 크기**라고 합니다.

데이터가 n개일 때를 그림으로 나타냈습니다.

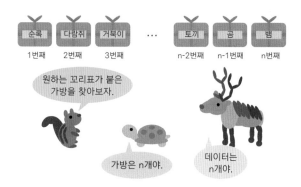

1단계

계산하는 데 걸리는 시간을 고려해 데이터 수를 n으로 표기합니다. 이때 n의
계수는 생략하고 정수는 1로 변환합니다.

예

$\frac{1}{2}$n ➡ n   n의 계수는 생략합니다.

3   ➡ 1   정수는 1로 변환합니다.

정수를 1로 변환하는 것도 계수를 생략하는 작업입니다. 예를 들어 3은 3×1
과 같으므로 계수인 3을 생략하고 1이라고 씁니다.

예

3 ➡ 3 × 1 ➡ 1   계수는 생략합니다.

$\frac{1}{2}$n과 n을 똑같이 계산해도 되는 거야? 2배나 차이 나는데?

실제 프로그래밍에서 알고리즘을 선택할 때는 2배 차이도 무시할 수 없어. 어느 부분까지 무시할 것인지는 상황에 따라 판단해야 해.

지금 단계에서는 어떤 컴퓨터에서 어떤 프로그램을 실행하고 데이터는 얼마만큼 있는지 구체적으로 정해지지 않았어.

계수가 전체 계산량과 비교할 때 무시해도 될 정도로 작은 값이라면 괜찮을 것 같아.

2단계

주요 항만 남기고 나머지는 모두 생략합니다. 주요 항이란 n이 커졌을 때 증가하는 속도가 가장 빠른 항을 말합니다. 항은 계산식을 구성하는 부품과 같습니다. 예를 들어 n, 1, log n 같은 것을 말합니다.

예

n + 1 ➡ n   주요 항만 남깁니다.
n + log n ➡ n   주요 항만 남깁니다.

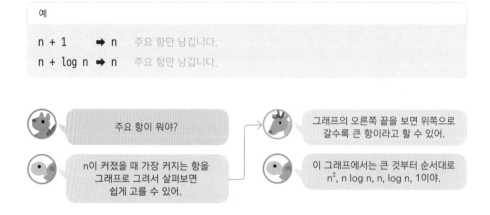

다음 계산량 그래프에서는 가로축이 n일 때 세로축이 계산량(n^2, n log n, n, log n, 1)의 값을 나타냅니다. n이 커질 때(그래프에서 오른쪽 방향) 값이 커지는(그래프에서 위쪽 방향) 정도는 계산량에 따라 달라지죠. 이 책에서 사용하는 알고리즘에서는 log n의 밑이 2이므로, 이 그래프에서도 log n의 밑을 2라고 하겠습니다.

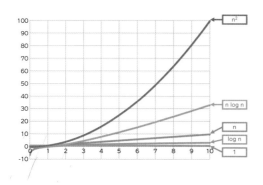

3단계

마지막으로 O와 괄호를 붙여서 완성합니다.

예

n ➡ $O(n)$ O와 괄호를 붙입니다.

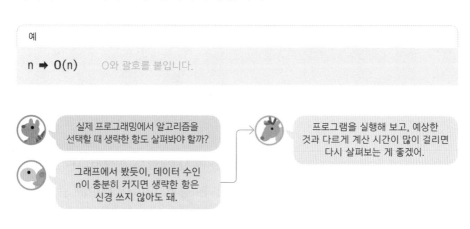

알고리즘 문제 │ O 표기법으로 나타내 보자!

데이터가 n개일 때 계산 횟수를 세어 보니 $\frac{1}{2}n + \log n + 3$회였습니다.
이것을 O 표기법으로 나타내 봅시다.

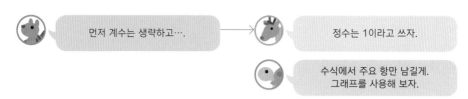

풀이 과정

$\frac{1}{2}$n + log n + 3

➡ n + log n + 3   계수 $\frac{1}{2}$은 생략합니다.

➡ n + log n + 1   정수를 1로 씁니다.

➡ n   주요 항만 남깁니다.

정답은 O(n)입니다.

 아까 그래프에서 n, log n, 1을 비교해서 가장 큰 n만 남겼어.

확실히 n이 가장 크지만 사실 그다지 차이가 없네.

데이터 수를 늘려 보자.

데이터 수를 늘렸을 때 계산량 그래프가 어떻게 바뀌는지 살펴봅시다.

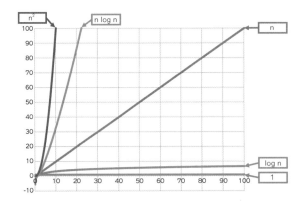

 앞의 그래프에서는 데이터 수가 10인데, 이 그래프에서는 100이야.

n^2과 log n은 너무 커서 그래프에서 벗어났어.

이 그래프에서는 n이 log n보다 커지는 것을 잘 알 수 있어.

log n과 1은 지금은 가깝지만 데이터 수가 늘어나면 점점 벌어질 거야.

알기 쉬운
용어 풀이 | 함수와 메서드

함수란?

함수는 입력값을 받아서 그 값을 사용해 계산하고 결과를 출력값으로 돌려주는 구조입니다. 원래 수학 용어이지만 많은 프로그래밍 언어에도 함수의 기능이 들어 있습니다.

함수의 입력값(인수)과 출력값(반환값)

프로그래밍에서는 함수의 입력값을 **인수**, 출력값을 **반환값**이라고 합니다. 프로그래밍에서 사용하는 함수에는 입력값을 받지 않거나 출력값(반환값)을 돌려주지 않는 것도 있습니다.

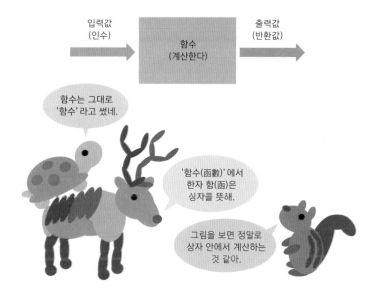

메서드란?

메서드^{method}는 함수와 비슷하지만 데이터 구조 등(클래스 또는 객체일 때가 많음)에 연결된다는 특징이 있습니다. 메서드는 입력값(인수)을 받아서 데이터 구조를 조작해 출력값(반환값)을 돌려줍니다.

메서드는 접수처처럼 의뢰를 받습니다

예를 들어 01-2절에서 파이썬 리스트에 데이터를 넣을 때 사용한 append, 데이터를 꺼낼 때 사용한 pop은 리스트에 연결된 메서드입니다. 데이터 구조와 연결된 메서드에 의뢰해서 데이터 구조를 조작하여 가져오는 것이죠.

02-5

도전! 프로그래밍
— 게임 데이터 검색 프로그램 만들기 1탄

선형 검색 프로그램 만들기

배열에서 원하는 데이터를 검색하는 프로그램을 실행해 봅시다.

 배열에서 원하는 데이터를 찾을 때 파이썬을 사용할 수 있어?

 물론이지. 실제로 검색해 보자.

파이썬을 실행하세요. 이미 프로그램을 실행하고 있다면 그대로 사용하세요.

```
실행 화면                                                          — ☐ ✕

Python 3.…
Type "help", "copyright", "credits" or "license" for more information.
>>>
```

우선 검색용 데이터를
배열에 넣을게.

 가방이 데이터이고, 번호가 붙은
칸이 배열이구나.

다음은 검색용 데이터입니다.

배열(파이썬 리스트)에 '순록', '다람쥐', '토끼', '곰', '거북이'를 넣습니다. 배열
에 x라고 이름을 붙이세요. 다음 실행 화면처럼 입력하고 Enter 를 누르세요.

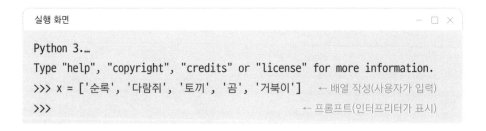

배열에 데이터를 바르게 입력했는지 확인해 봅시다. x를 입력하고 Enter 를
누르세요.

실행 화면   − □ ✕

>>> x   ← 배열 이름(사용자가 입력)
['순록', '다람쥐', '토끼', '곰', '거북이']   ← 배열 내용(인터프리터가 표시)

'거북이'를 검색해 봅시다. x.index('거북이')라고 입력하고 Enter 를 누르세요.

실행 화면   – ☐ ✕

```
>>> x.index('거북이')    ← '거북이' 검색하기(사용자가 입력)
4                       ← '거북이' 데이터의 인덱스(인터프리터가 표시)
```

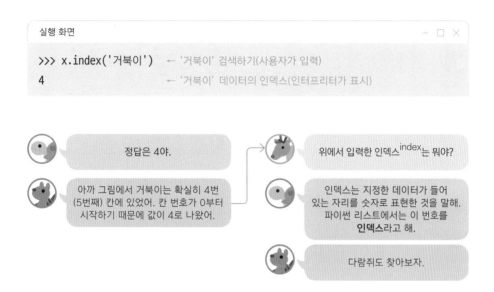

정답은 4야.

아까 그림에서 거북이는 확실히 4번 (5번째) 칸에 있었어. 칸 번호가 0부터 시작하기 때문에 값이 4로 나왔어.

위에서 입력한 인덱스^{index}는 뭐야?

인덱스는 지정한 데이터가 들어 있는 자리를 숫자로 표현한 것을 말해. 파이썬 리스트에서는 이 번호를 **인덱스**라고 해.

다람쥐도 찾아보자.

'다람쥐'를 찾아봅시다. x.index('다람쥐')라고 입력하고 Enter 를 누르세요.

실행 화면   – ☐ ✕

```
>>> x.index('다람쥐')
1
```

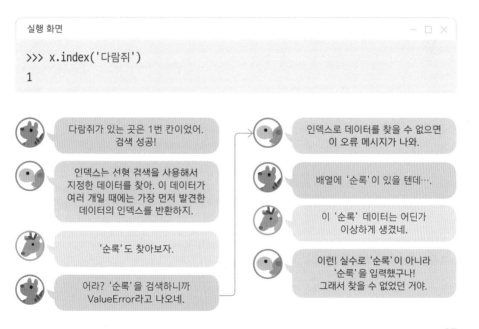

다람쥐가 있는 곳은 1번 칸이었어. 검색 성공!

인덱스는 선형 검색을 사용해서 지정한 데이터를 찾아. 이 데이터가 여러 개일 때에는 가장 먼저 발견한 데이터의 인덱스를 반환하지.

'순록'도 찾아보자.

어라? '순록'을 검색하니까 ValueError라고 나오네.

인덱스로 데이터를 찾을 수 없으면 이 오류 메시지가 나와.

배열에 '순록'이 있을 텐데….

이 '순록' 데이터는 어딘가 이상하게 생겼네.

이런! 실수로 '순록'이 아니라 '순록'을 입력했구나! 그래서 찾을 수 없었던 거야.

알고리즘
문제 | 데이터를 검색하는 프로그램을 만들자!

아까 앞에서 사용자 이름, 경험치, 게임 머니를 정리해서 배열에 넣는 프로그램을 사용했지.

그 프로그램을 써보자.

다음 실행 화면처럼 입력하고 [Enter]를 누르세요.

실행 화면　　　　　　　　　　　　　　　　　　　　　　　　　　　　　－ □ ×

```
>>> x = [['raccoon', 10, 300], ['fox', 40, 600], ['reindeer', 20, 500],
['cat', 70, 800]]    ← 배열 작성(사용자가 입력)
>>>    ← 프롬프트(인터프리터가 표시)
```

배열에는 x라고 이름을 붙였습니다. 배열의 내용을 확인해 봅시다.

x를 입력하고 [Enter]를 누르세요.

실행 화면　　　　　　　　　　　　　　　　　　　　　　　　　　　　　－ □ ×

```
>>> x    ← 배열 이름(사용자가 입력)
[['raccoon', 10, 300], ['fox', 40, 600], ['reindeer', 20, 500], [cat,
70, 800]]    ← 배열 내용(인터프리터가 표시)
```

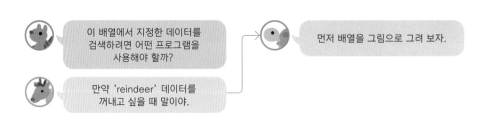

이 배열에서 지정한 데이터를 검색하려면 어떤 프로그램을 사용해야 할까?

먼저 배열을 그림으로 그려 보자.

만약 'reindeer' 데이터를 꺼내고 싶을 때 말이야.

다음 그림은 사용자의 데이터를 정리한 배열을 보여 줍니다.

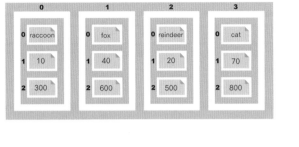

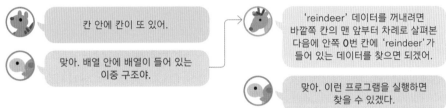

앞의 실행 화면에 이어서 [y for y in x if y[0] == 'reindeer']라고
입력하고 (Enter)를 누르세요.

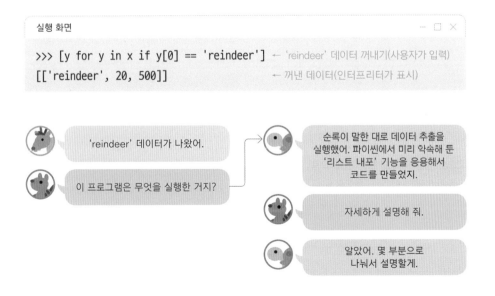

파이썬 코드를 자세히 알아봅시다.

```
[y for y in x if y[0] == 'reindeer']
```

바깥쪽에 있는 칸 x를 맨
앞부터 차례로 조사하고
안쪽에 있는 칸을 꺼내서
y라고 이름을 붙입니다.

안쪽에 있는 칸 y의 0번 칸에 있는 데이터가 'reindeer'인지 조사합니다.

만약 'reindeer'를 찾으면 안쪽에 있는 칸 y를 결과 리스트로 처리합니다.

파이썬 프로그램으로 하니까
정말 간단해졌어.

복잡한 처리 과정을 아주 짧은 프로
그램 언어로 작성할 수 있다는 것이
파이썬의 특징이지.

설명 마지막에 '결과 리스트로
처리한다'는 무슨 말이야?

파이썬의 내포 기능 중에서도
리스트 내포list comprehension를
사용했다는 거야. 이 기능은 처리
결과를 리스트로 정리해서 출력해.

지금 보니까 실행 화면의 결과가
[['reindeer', 20, 500]]라고
되어 있어.

대괄호가 하나 더 붙었네.

가장 바깥쪽에 있는 대괄호는 결과
리스트를 나타내는 거야.

02-6

찾는 것이 앞뒤 어느 쪽에 있을까?
— 이진 검색

이진 검색이란?

데이터를 두 부류로 나눈 뒤 조건을 만족하는 쪽 데이터에만 동일한 과정을 반복해 나가는 방식을 **이진 검색**^{binary search}이라고 합니다. 이진 검색은 데이터가 크기 순서대로 나열되어 있을 때 사용합니다. 시작점부터 차례대로 데이터가 조건을 만족하는지 확인하는 선형 검색보다 계산량이 적어서 원하는 데이터를 더 짧은 시간 안에 찾을 수 있습니다.

 데이터를 크기 순서대로 줄 세우는
건 어떻게 하는 거야?

 3장에서 소개할 정렬 알고리즘을
알면 쉽게 이해할 수 있어.

이진 검색으로 키가 '거북이'인 데이터 찾기

이진 검색을 사용하여 원하는 가방을 찾아봅시다. '거북이' 꼬리표(키)가 달린 가방(데이터)을 찾으려고 합니다. 이진 검색에서는 키를 조사할 때마다 탐색하는 범위를 절반쯤으로 좁힐 수 있습니다.

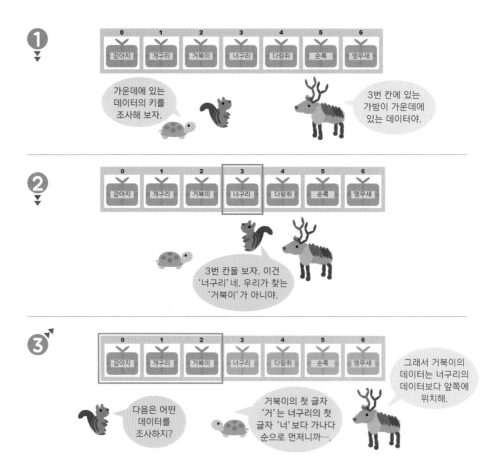

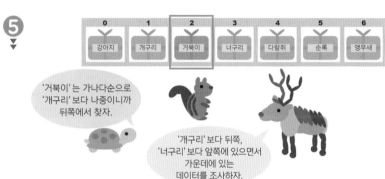

4

5

6

탐색 범위를 좁히니까 마지막에 남은 것은 '거북이' 였어.

마지막 데이터가 '거북이' 가 아니었다면 더 이상 찾을 수 있는 데이터가 없어.

저렇게 찾지 못할 때에는 '못 찾았다' 로 검색이 종료돼.

이번 검색이 가장 힘들었어.

계산량이 가장 적을 때와 가장 많을 때를 살펴보면서 이진 검색의 시간 복잡도를 구해 보자.

02-7

도전! 프로그래밍 — 가장 느린 검색과 가장 빠른 검색에서 시간 복잡도 구하기

이진 검색에서 시간 복잡도 구하기

15개의 데이터에서 이진 검색을 실시합니다. 이때 데이터의 키를 조사하는 최대 횟수를 세어 봅시다.

이진 검색에서는 범위를 절반씩 줄여 가며 데이터를 찾습니다. 조사하는 키가 원하는 데이터와 일치하거나 찾는 범위에 포함된 데이터가 1개면 검색이 끝납니다.

 이진 검색에서 효율이 가장 안 좋은 경우는 언제일까?

 마지막에 남은 데이터가 1개일 때까지 원하는 데이터를 찾지 못했을 경우겠지.

 그러면 효율이 가장 안 좋은 경우를 예로 들어 키를 조사하는 횟수를 세어 보자.

이진 검색에서 키를 조사한 최대 횟수를 세어 봅시다.

가운데에 있는
데이터의 키를
조사하자(1회 차).

찾는 값이 아니라면
검색 범위를 절반으로
나누자.

검색 범위에서
가운데에 있는 데이터의
키를 조사하자(2회 차).

찾는 값이 아니라면
다시 검색 범위를
절반으로 나누자.

5

검색 범위에서
가운데에 있는 데이터의
키를 조사하자(3회 차).

6

찾는 값이 아니라면
또다시 검색 범위를
절반으로 나누자.

7

검색 범위에 포함되는
데이터가 1개네.
이 데이터의 키를 조사하고
검색을 끝내자(4회 차).

이번 예시에서 최대 검색 횟수는 4회였습니다.

 가장 안 좋은 경우가 또 있을까?

 원하는 데이터가 맨 앞에 있을 때도
가장 안 좋은 경우라고 할 수 있어.
그래프로 그려서 실제로 검색해 보자.

 앞 예시 결과를 바탕으로 이진 검색에서
가장 느릴 때의 계산량을 구해 봤어.

데이터 수에 따라 최대 몇 회까지 조사해야 원하는 키를 찾을 수 있는지 표로 정리해 보았습니다.

데이터 수(개)	조사한 횟수(회)
7	3
15	4
n	log n

데이터 수를 늘렸을 때 계산량이 어떻게 변하는지 그래프로 나타내 보았습니다.

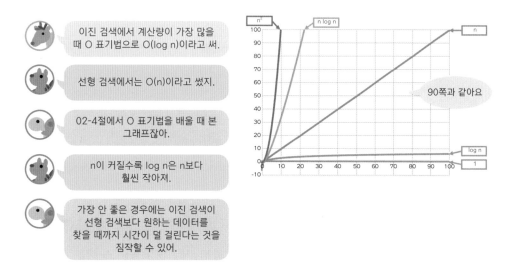

이진 검색에서 계산량이 가장 많을 때 O 표기법으로 O(log n)이라고 써.

선형 검색에서는 O(n)이라고 썼지.

02-4절에서 O 표기법을 배울 때 본 그래프잖아.

n이 커질수록 log n은 n보다 훨씬 작아져.

가장 안 좋은 경우에는 이진 검색이 선형 검색보다 원하는 데이터를 찾을 때까지 시간이 덜 걸린다는 것을 짐작할 수 있어.

90쪽과 같아요

선형 검색은 원하는 데이터를 찾을 때까지 모든 데이터를 탐색해야 한다는 단점이 있습니다. 반면 이진 검색에서는 가장 안 좋은 경우에도 모든 데이터를 조사하는 일은 생기지 않습니다.

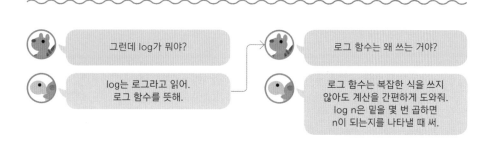

그런데 log가 뭐야?

log는 로그라고 읽어. 로그 함수를 뜻해.

로그 함수는 왜 쓰는 거야?

로그 함수는 복잡한 식을 쓰지 않아도 계산을 간편하게 도와줘. log n은 밑을 몇 번 곱하면 n이 되는지를 나타낼 때 써.

밑이 바뀌면 대수의 값도 바뀝니다. 프로그래밍에서는 log의 밑이 2일 때 밑을 생략하기도 합니다. 이 책에서 다루는 알고리즘인 이진 검색에서도 밑 2를 생략해 표기합니다.

▶ 수학에서는 10진법을 사용하기 때문에 log의 밑이 10일 때 생략하는 반면, 프로그래밍에서는 2진법을 사용하므로 log의 밑이 2일 때 생략해 표기합니다.

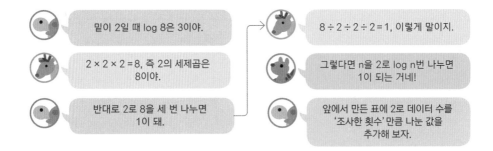

이진 검색에서는 데이터 수에 따라 최대 몇 회까지 조사해야 원하는 키를 찾을 수 있는지 다시 표로 정리해 보았습니다.

데이터 수(개)	조사한 횟수(회)	2로 데이터 수를 '조사한 횟수'만큼 나눈 값
7	3	0.875
15	4	0.9375
n	log n	1

이 값이 1 이하일 때 검색이 끝납니다.

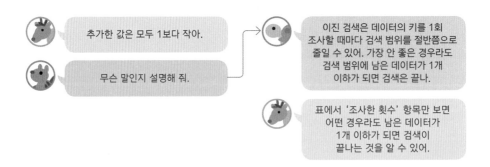

엄밀하게 말하면 데이터의 키를 1회 조사할 때마다 키를 조사하는 데이터를 제외하면 나머지 범위는 절반 정도가 됩니다. 그다음부터는 키를 조사할 때마다 데이터 수가 딱 절반이 된다고 간단히 가정하고 진행합니다. 실제로 속도가 조금 더 빨라져서 데이터를 검색하는 범위가 줄어듭니다.

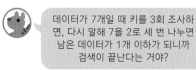
데이터가 7개일 때 키를 3회 조사하면, 다시 말해 7을 2로 세 번 나누면 남은 데이터가 1개 이하가 되니까 검색이 끝난다는 거야?

실제로는 키를 3회 조사해서 남은 데이터가 1개가 되었고, 마지막에 있는 데이터의 키를 조사하고 끝낸 거야.

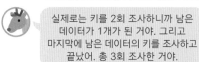
실제로는 키를 2회 조사하니까 남은 데이터가 1개가 된 거야. 그리고 마지막에 남은 데이터의 키를 조사하고 끝났어. 총 3회 조사한 거야.

데이터가 n개일 때 키를 log n회 조사하면 남은 데이터가 1개 이하가 되지. 마지막 키를 조사하면 검색이 종료돼.

데이터가 15개일 때에도 키를 4회 조사하면, 즉 15를 2로 네 번 나누면 남은 데이터가 1개 이하가 되면서 검색이 끝나는 거지?

남은 데이터가 '1개'가 아니라 '1개 이하'라고?

다음 그림을 봐.

데이터가 n개일 때 반드시 데이터 1개가 남는 것은 아닙니다. 키를 조사한 데이터를 제외하면서 검색을 유지하기 때문입니다. 이때 남은 데이터는 적어도 1개 이하가 됩니다.

키를 log n회 조사하면, 검색 범위의 데이터가 1개 이하가 되는 과정을 그림으로 나타내 보았습니다.

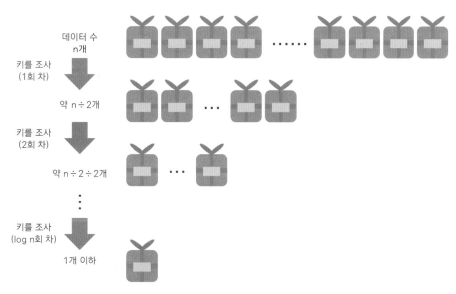

거북이가 말한 '키를 log n번 조사하고, 마지막에 한 번 더 값을 조사한다'라고 말한 것을 O 표기법으로 써보자. 풀이 과정은 오른쪽과 같아.

 이진 검색에서 계산량이 가장 많을 때는 O(log n)이 되는구나.

 다음에서 계산량이 가장 적을 때를 한번 살펴보자.

> 풀이 과정
>
>   log n + 1   키를 조사하는 횟수입니다.
> ➡ log n   주요 항만 남깁니다.
> ➡ O(log n)   O와 괄호는 붙입니다.

이진 검색에서 시간 복잡도가 최상일 때

이진 검색에서 가장 빠를 때의 시간 복잡도를 구해 봅시다. 이진 검색에서는 어떠할 때 원하는 데이터를 가장 빠르게 찾을까요?

 찾는 데이터가 어디에 있으면 가장 빠르게 검색할 수 있는지 다음 그림에 표시해 보자.

답안지   가방을 골라 표시하세요.

> 손으로 직접 적어 보세요!

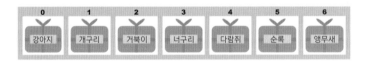

 이진 검색에서는 맨 먼저 가운데에 있는 데이터를 조사하니까⋯

알고리즘 정답 | 풀이를 확인해 보자!

이진 검색에서는 가운데에 있는 데이터를 찾을 때 계산량이 가장 적습니다.

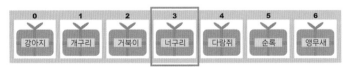

맨 먼저 키를 조사한 데이터가 우연하게도 찾으려던 데이터인 경우네.

이거 재밌다.

데이터는 언제나 1회 차에 발견되니까, 이진 검색에서 계산량이 가장 적은 경우는 O(1)이야. 표로 정리해 보자.

이진 검색으로 원하는 키를 찾을 때까지 몇 회 조사할까요?

구분	데이터 수(개)	조사한 횟수(회)	O 표기법
계산량이 가장 많을 때 (가장 비효율적)	n	log n	O(log n)
계산량이 가장 적을 때 (가장 효율적)	n	1	O(1)

선형 검색으로 원하는 키를 찾을 때까지 몇 회 조사할까요?

구분	데이터 수(개)	조사한 횟수(회)	O 표기법
계산량이 가장 많을 때 (가장 비효율적)	n	n	O(n)
계산량이 가장 적을 때 (가장 효율적)	n	1	O(1)

계산량이 가장 적을 때는 이진 검색과 선형 검색 모두 O(1)이구나.

계산량이 가장 많을 때는 이진 검색에서는 O(log n), 선형 검색에서는 O(n)이야.

데이터가 크기순으로 배열되어 있을 때는 이진 검색을 사용하는 게 좋겠네

파이썬에서는 주로 선형 검색과 함께 다음 02-8절에서 소개할 해시법을 사용합니다. 이진 검색도 물론 사용하지만 데이터가 크기순으로 되어 있어야 한다는 조건이 있습니다. 그래서 이진 검색보다는 처리 속도가 더 빠른 해시법을 자주 사용합니다.

02-8

단숨에 찾아내요
─ 해시법

해시법이란?

해시법을 이용하면 데이터의 위치를 함수에게 요청해 데이터를 쉽게 찾을 수 있습니다. 해시법은 적절히 사용하면 계산량이 매우 적어 효율적인 알고리즘입니다.

알고리즘 문제 │ 데이터를 가장 빠르게 찾는 방법은?

키의 값이 '순록'인 데이터를 가장 손쉽고 빠르게 찾는 방법은 3개 중 어느 것일까요?

방법 1

0	1	2	3	4	5	6
강아지	개구리	거북이	너구리	다람쥐	순록	앵무새

'순록' 꼬리표가 달린
가방을 맨 앞부터
찾아보자.

방법 2

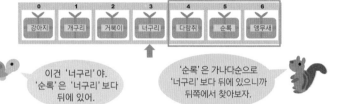

0	1	2	3	4	5	6
강아지	개구리	거북이	너구리	다람쥐	순록	앵무새

이건 '너구리'야.
'순록'은 '너구리'보다
뒤에 있어.

'순록'은 가나다순으로
'너구리'보다 뒤에 있으니까
뒤쪽에서 찾아보자.

방법 3

0	1	2	3	4	5	6
강아지	개구리	거북이	너구리	다람쥐	순록	앵무새

'순록' 꼬리표가
달린 가방이 어디에
있는지 찾았어?

5번 칸에
있어.

알고리즘 정답 | 풀이를 확인해 보자!

데이터를 가장 빠르게 찾아내는
방법은 뭘까?

순록이 응답하는 속도가 빠르다면
방법 3이 가장 좋겠지?

방법 1은 선형 검색이고 가방의
꼬리표를 총 6회 조사해. **방법 2**는
이진 검색이고 가방의 꼬리표를 2회
조사해. **방법 3**은 단 1회 질문으로
원하는 데이터를 찾아내는데,
어떤 경우든지 한 번만 조사해.

그렇네. 그럼 **방법 3**은 계산량이
가장 많을 때와 가장 적을 때
모두 똑같은 O(1)이야?

해시값을 계산하는 해시 함수

방법 3은 시간 복잡도가 O(1)인 검색 방법으로, 해시법이라고 합니다. 해시법에서 기억해 둬야 할 것은 해시 함수입니다.

해시 함수는 데이터(키)에 계산을 실행하여 해시값을 구합니다. 순록이 사용한 해시 함수는 '다람쥐' 키에서 258 해시를, '거북이' 키에서 937 해시를 구한 것입니다. 해시 함수는 다양해서 용도에 따라 구분해서 사용하거나 새로 만들기도 합니다.

▶ 해시값은 간단히 해시라고 합니다.

해시법을 사용해 보고 싶어.

그럼 해시법으로 데이터를 처리하는 방법부터 알아보자.

해시법에서 데이터를 보관하는 곳을 **해시 테이블**^{hash table}이라고 합니다. 배열에서 해시 테이블을 실행할 때에는 해시 함수로 구한 해시값을 인덱스값으로 사용합니다.

어떤 해시 함수를 사용하면 좋을까?

여기에서는 '키의 문자 개수를 해시 값으로 한다'를 예로 들어서 매우 간단한 해시 함수를 사용해 볼게.

해시 함수를 사용해서 데이터를 저장해 보겠습니다.

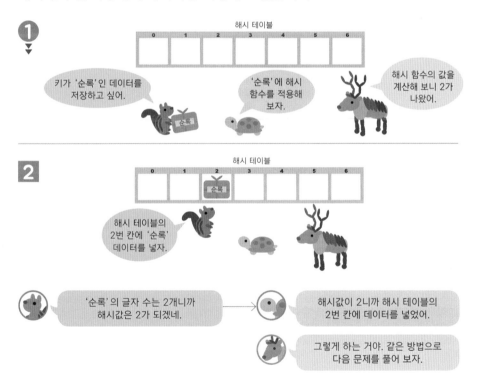

키가 '나무늘보'인 데이터를 해시 함수를 사용해서 해시값을 구하고 데이터를 처리할 칸을 정해 주세요.

답안지

데이터를 저장할 칸을 정해 주세요.

손으로 직접
적어 보세요!

해시 테이블

0	1	2	3	4	5	6
		순록				

해시값을 구한
칸에 데이터를
넣으면 되겠어.

키가 '나무늘보'인
데이터도 넣고 싶어.

'나무늘보'에도 해시
함수를 적용해 보자.

 '나무늘보'는 글자 수가 4개니까….

해시 함수를 사용해서 해시값을 구해 봅시다.

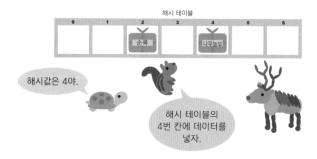

해시 테이블

0	1	2	3	4	5	6
		순록		나무늘보		

해시값은 4야.

해시 테이블의
4번 칸에 데이터를
넣자.

해시값은 4니까 해시 테이블의 4번 칸에 데이터를 넣었어.

 좋아. 다음으로 해시 함수를 사용해서 데이터를 찾아보자.

 '순록'의 데이터를 검색해 보자.

해시 함수를 사용해서 데이터를 찾아봅시다.

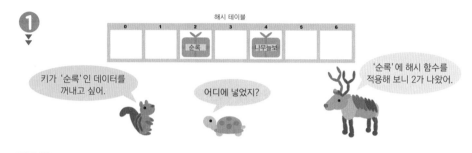

 데이터를 넣거나 찾을 때 모두 해시 함수를 사용하는구나.

 해시 함수를 사용하면 데이터를 넣거나 꺼낼 때 모두 한번에 되는 거네. 굉장하다!

 한번에 해결되지 않을 때도 있어.

115

02-9

해시값이 충돌하면
어떻게 하나요?

해시값이 같아서 충돌하면 어떻게 될까?

서로 다른 데이터(키)에서 해시 함수로 구한 해시값이 같을 때 해시값이 충돌
했다고 합니다.

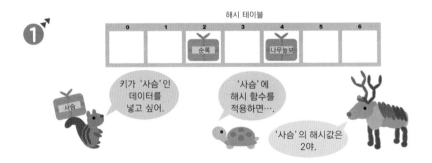

116

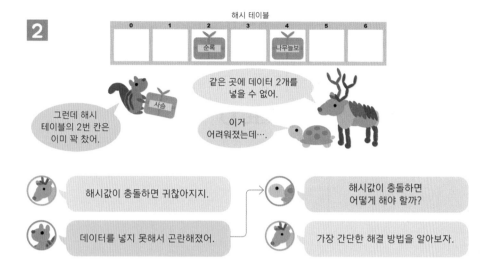

해결 방법 1: 이웃한 빈칸에 채워 넣기

해시값의 충돌 문제를 해결하는 방법은 여러 차례 연구되어 왔습니다. 이웃한 빈 공간에 채워 넣는 방법을 **오픈 주소법**^{open address}이라고 합니다. 오픈 주소법은 단순히 바로 이웃한 빈 공간에 데이터를 채워 넣는 것뿐만 아니라 서로 다른 데이터가 충돌할 때 반복하는 해시 함수를 사용해서 각각의 값을 구한 다음, 그렇게 얻은 해시값을 앞서 지정한 자리에 채워 넣는 것까지 통칭합니다.

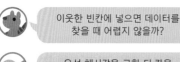 이웃한 빈칸에 넣으면 데이터를
찾을 때 어렵지 않을까?

 맞아. 그렇게 하는 거야.

 우선 해시값을 구한 뒤 칸을
조사하고 데이터를 찾으면서 이웃한
공간도 살펴보면 되잖아.

해결 방법 2: 공간 연결하기

해시값이 충돌할 때 공간을 연결할 자리를 만드는 방법을 **체인법**^{chain, 연쇄법}이
라고 합니다. 파이썬은 오픈 주소법을 사용하는데 체인법을 사용하는 프로그
래밍 언어도 있습니다.

 이렇게 해결하는 방법도 있어.

그럼 데이터를 찾을 때에는
어떻게 해?

 해시값을 구한 뒤 칸을 조사하고
데이터를 찾으면서 연결된 공간을
살펴보는 건가?

 이것도 큰일이지만
그렇게 하는 거야.

해시값이 충돌했을 때의 시간 복잡도

그런데 이웃한 공간과 데이터가
들어갈 연결된 공간을 찾아야 하니까
단숨에 빠르게 찾을 수는 없겠네?

해시법의 특징은 시간 복잡도가
O(1)이라는 건데, 그럼 여기 결과는
O(1)이 아니라는 거잖아?

충돌이 정말 적다면 시간 복잡도는
O(1)이지. 하지만 충돌이 크다면
O(1)이 아닌 게 되지.

해시값의 충돌이 적으면 해시법의 시간 복잡도는 O(1)입니다. 그러나 충돌이 많아지면 데이터를 찾는 시간이 길어지거나, 검색하는 데 걸리는 시간의 불규칙한 정도가 심해지는 문제가 발생합니다.

해시값의 충돌을 줄이는 가장 좋은 방법은…

해시값의 충돌을 줄이려면 데이터 수에 따라 해시 테이블을 넉넉하게 마련하거나 다양한 값에 쉽게 적용할 수 있는 해시 함수를 사용해야 합니다. 키 전체에 대응해서 각각 다른 해시값을 생성하는 해시 함수가 이상적입니다.

데이터 수에 따라 해시 테이블의 크기를 결정해야 하는구나.

꺼낼 키의 값을 고려할 때 해시값의 충돌을 일으키지 않는 해시 함수를 설계하는 것도 중요할 것 같아.

해시법은 적절하게 사용하면 시간 복잡도가 한결같이 O(1)인 가장 강력한 데이터 검색 알고리즘이라고 할 수 있어.

02-10

도전! 프로그래밍
— 게임 데이터 검색 프로그램 만들기 2탄

파이썬에서 해시법으로 데이터 처리하기

해시법을 사용해서 데이터를 저장하거나 찾는 프로그램을 실행해 봅시다.

 파이썬에서 해시법을 사용할 수 있어?

 물론이지. 파이썬의 **딕셔너리 자료형**을 사용해서 데이터를 검색해 보자.

▶ 딕셔너리 자료형은 줄여서 딕셔너리라고 합니다. dictionary는 사전을 뜻해요.

파이썬을 실행하세요.

```
실행 화면                                              — ☐ ✕

Python 3.…
Type "help", "copyright", "credits" or "license" for more information.
>>>
```

딕셔너리에 저장할 데이터를 준비했어.

 앞에서 봤던 사용자 이름, 경험치, 게임 머니를 정리한 데이터구나.

 다음 표에서 '키key'와 '값value'은 뭐야?

 파이썬의 딕셔너리는 키와 값을 한 묶음으로 처리해. 그래서 지정한 키에 대응하는 값을 빠르게 찾을 수 있어.

 키는 사용자 이름으로, 값은 경험치와 게임 머니를 모아서 정리했어.

딕셔너리에 저장할 데이터

키key	값value
raccoon	[10, 300]
fox	[40, 600]
reindeer	[20, 500]
cat	[70, 800]

이 데이터를 딕셔너리에 넣고 x라고 이름을 붙입니다. 다음 실행 화면처럼 입력하고 [Enter]를 누르세요.

```
실행 화면                                              —  □  ✕

>>> x = {'raccoon': [10, 300], 'fox': [40, 600],   ← 줄 바꿈 하지 말고 이어서 입력
'reindeer': [20, 500], 'cat': [70, 800]}           ← 딕셔너리 작성(사용자가 입력)
>>>                                                ← 프롬프트(인터프리터가 표시)
```

 딕셔너리에서는 리스트와 다르게 중괄호 { }를 사용하니까 유의해. 키와 값은 콜론 :으로 구분해.

딕셔너리의 내용을 확인해 봅시다. x를 입력하고 [Enter]를 누르세요.

```
실행 화면                                              —  □  ✕

>>> x                                              ← 딕셔너리 이름(사용자가 입력)
{'raccoon': [10, 300], 'fox': [40, 600],           ← 줄 바꿈 하지 말고 이어서 입력
'reindeer': [20, 500], 'cat': [70, 800]}           ← 딕셔너리 내용(인터프리터가 표시)
```

딕셔너리에 데이터가 무사히
들어간 것 같아.

 'reindeer' 데이터를 꺼내 보자.

앞의 실행 화면에 이어서 x['reindeer']를 입력하고 Enter 를 누르세요

실행 화면   − □ ×

```
>>> x['reindeer']   ← 'reindeer' 데이터 꺼내기(사용자가 입력)
[20, 500]           ← 꺼낸 데이터(인터프리터가 표시)
```

 키 'reindeer'에 대응하는 수치인
20과 500 값이 표시되었어.

 어쩐지 그렇게 될 것 같았어.

 지금 데이터를 꺼내면서 해시법을 사용했어.

 그렇구나. 다른 사용자의 값도 꺼내 보자.

레벨 업!

암호학에서도 해시 함수를 사용해요!

암호학에서 해시 함수는 암호를 설정하여 컴퓨터 보안용으로 사용하기에 적합
합니다. 또한 비트코인 같은 암호 화폐에서도 사용합니다. 암호학에서 사용하는
해시 함수는 특별히 다음 3가지 특징이 있습니다.

- 해시값에서 원래 입력값을 획득할 수 없습니다.
- 해시값이 같으면 서로 다른 입력값 2개를 구할 수 없습니다.
- 입력값을 임의로 변경하면 해시값은 이전의 해시값과 완전히 달라집니다.

03

늘어놓자 ─ 정렬 알고리즘

데이터는 잘 정돈되어
있어야 해!

정렬 알고리즘은 데이터값의 크기 순서로 데이터를 늘어놓는 방식을 말합니다.
정렬 방식에 따라 어느 위치에 넣을지 하나씩 따져 보는 **삽입 정렬**, 가장 작은
값 또는 가장 큰 값을 찾아서 이동하는 **선택 정렬**, 이웃한 데이터와 교환하는
버블 정렬, 기준값으로 데이터를 분류해 정리하는 **퀵 정렬**, 데이터 열을 2개로
나누고 병합하는 **병합 정렬** 등이 있습니다.

학습 목표

- 정렬 방식에 따른 알고리즘의 특징 알아보기
- 데이터에 따라 적합한 정렬 방식 이해하기

03-1

나란히 나란히
― 정렬

정렬이란?

데이터값을 크기 순서로 배열하는 것을 **정렬**^{sort}이라고 합니다. 정렬은 일할 때나 게임할 때 모두 유용합니다.

이메일 보낼 고객을 선별할 때 정렬 활용하기

정렬은 업무에서 매우 유용합니다. 예를 들어 다음처럼 구입액이 큰 고객을 선별해서 이메일이나 DM을 보낼 때 정렬을 사용합니다.

3D 컴퓨터 그래픽 작업을 할 때 정렬 활용하기

한편 정렬은 게임에도 유용합니다. 예를 들어 3D 컴퓨터 그래픽을 사용한 게임에서 처리 과정의 효율성을 높일 때 정렬을 사용합니다. 3D 컴퓨터 그래픽에서는 전구 같은 빛을 점광원이라는 장치를 사용해서 표현하는데, 이 점광원의 수가 늘어날수록 컴퓨터의 처리 속도가 느려집니다. 이때 정렬을 사용해서 가장 가까운 곳에 있는 점광원을 먼저 표시합니다.

▶ 점광원이란 크기와 형태 없이 하나의 점으로 보이는 광원을 뜻합니다.

125

2장에서 검색 알고리즘에는 선형 검색, 이진 검색 등 여러 방법이 있다고 배웠습니다. 이와 마찬가지로 정렬에도 다양한 방식이 있습니다. 이번 3장에서는 대표적인 5가지 정렬 방식을 바탕으로 정렬 알고리즘을 살펴보고 효율성을 비교해 보겠습니다.

03-2

도전! 프로그래밍
― 고객 명단 정렬 프로그램 만들기

고객 명단을 구입액이 큰 순서대로 정렬하기

데이터를 정렬하는 프로그램을 실행해 봅시다.

파이썬을 사용해서 고객 명단
데이터를 구입액이 큰 순서대로
정렬하고 싶어.

고객 명단 데이터

고객 이름	구입액(원)
토끼	5000
뱀	12000
곰	3000
너구리	8000
풍뎅이	15000

파이썬을 실행하세요.

128

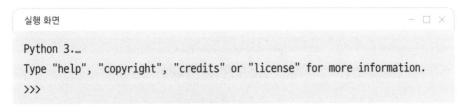

```
실행 화면                                                        —  □  ×

Python 3.…
Type "help", "copyright", "credits" or "license" for more information.
>>>
```

 우선 간단히 구입액 데이터만 정렬해 보자.

배열에 구입액을 넣고 x라고 이름을 붙입니다. 다음 실행 화면과 같이 입력하고 Enter를 눌러 주세요.

▶ 여기에서 배열 자료형으로 파이썬 리스트를 사용합니다.

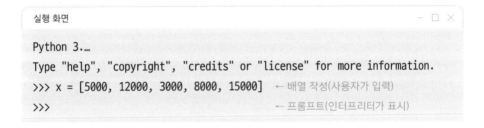

```
실행 화면                                                        —  □  ×

Python 3.…
Type "help", "copyright", "credits" or "license" for more information.
>>> x = [5000, 12000, 3000, 8000, 15000]   ← 배열 작성(사용자가 입력)
>>>                                         ← 프롬프트(인터프리터가 표시)
```

배열에 데이터를 바르게 입력했는지 확인해 봅시다. x를 입력하고 Enter를 누르세요.

```
실행 화면                                                        —  □  ×

>>> x                              ← 배열 이름(사용자가 입력)
[5000, 12000, 3000, 8000, 15000]   ← 배열 내용(인터프리터가 표시)
```

데이터를 '작은 값이 앞쪽, 큰 값이 뒤쪽'에 위치하도록 오름차순으로 정렬해 봅시다. sorted(x)를 입력하고 Enter를 누르세요. sorted는 데이터를 정렬하고 그 결과인 배열을 반환하는 파이썬의 함수입니다.

```
>>> sorted(x)                    ← 정렬 실행(사용자가 입력)
[3000, 5000, 8000, 12000, 15000]  ← 결과 리스트(인터프리터가 표시)
```

 구입액이 작은 것부터 순서대로 정렬했어.

 반대로 큰 것부터 정렬할 수도 있어?

 물론이지. 다음처럼 입력해 봐.

데이터를 '큰 값이 앞쪽, 작은 값이 뒤쪽'에 위치하도록 내림차순으로 정렬해
봅시다. sorted(x, reverse=True)를 입력하고 Enter를 누르세요.

```
>>> sorted(x, reverse=True)      ← 정렬 실행(사용자가 입력)
[15000, 12000, 8000, 5000, 3000]  ← 결과 리스트(인터프리터가 표시)
```

reverse는 '뒤집다', True는 '참'이라는 뜻입니다. 파이썬에서 True는 '예' 또
는 '예스Yes'를 말합니다. sorted 함수에서 reverse=True라고 쓰면 정렬 순
서가 뒤바뀌고 데이터를 내림차순으로 정렬할 수 있습니다.

알고리즘
문제 | 고객 이름과 구입액을 정렬하는 프로그램을 작성해 보자!

 최고 구입액이 15000원이라는 것은 파악했는데 누가 구입했는지 알고 싶어.

 이번에는 고객의 이름과 구입액을 정리한 데이터를 정렬해 보자.

먼저 고객 이름과 구입액을 정리해 보겠습니다.

다음 실행 화면처럼 입력하고 [Enter]를 누르세요. 1행이 길어서 알아보기 쉽도록 중간에 줄 바꿈을 했지만 여러분은 이어서 입력하세요.

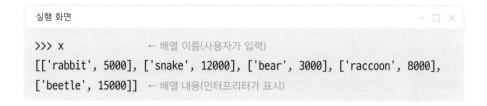

```
실행 화면                                                           − □ ×

>>> x = [['rabbit', 5000], ['snake', 12000], ['bear', 3000]  ← 줄 바꿈 하지 않기
['raccoon', 8000], ['beetle', 15000]]  ← 배열 작성(사용자가 입력)
>>>                                     ← 프롬프트(인터리터가 표시)
```

배열에는 x라고 이름을 붙였습니다. 배열의 내용을 확인해 봅시다. x를 입력하고 [Enter]를 누르세요.

```
실행 화면                                                           − □ ×

>>> x                   ← 배열 이름(사용자가 입력)
[['rabbit', 5000], ['snake', 12000], ['bear', 3000], ['raccoon', 8000],
['beetle', 15000]]  ← 배열 내용(인터리터가 표시)
```

데이터를 오름차순으로 정리해 봅시다. sorted(x)를 입력하고 [Enter]를 누르세요.

```
>>> sorted(x)        ← 정렬 실행(사용자가 입력)
[['bear', 3000], ['beetle', 15000], ['rabbit', 5000], ['raccoon', 8000],
['snake', 12000]]    ← 정렬 결과(인터프리터가 표시)
```

 고객 이름이 알파벳 순서로 정렬되었어.

 배열이 이중 구조일 때에는 안쪽 배열에서 맨 앞에 있는 데이터를 정렬의 키(기준)로 삼아서 그래.

 고객 이름이 맨 앞에 있어서 정렬 기준으로 사용한 거였어.

배열이 이중 구조일 때에는 안쪽 배열의 데이터를 1번째 데이터부터 차례로 비교합니다. 만약 1번째 데이터가 같다면 2번째 데이터를 비교합니다. 예를 들어 데이터에 [토끼, 5000]과 [토끼, 4000]이 있다면, 첫 데이터인 토끼가 같으므로 2번째 데이터인 5000과 4000을 비교해서 정렬 순서를 결정합니다. 2번째 데이터도 같다면 3번째를, 3번째 데이터가 같다면 4번째를 비교합니다.

 구입액으로 정렬하려면 어떻게 할까?

 이렇게 입력해 봐.

구입액을 키로 지정하여 정렬해 봅시다. sorted(x, key=lambda y: y[1])을 입력하고 Enter 를 누르세요.

```
>>> sorted(x, key=lambda y: y[1])    ← 정렬 실행(사용자가 입력)
[['bear', 3000], ['rabbit', 5000], ['raccoon', 8000], ['snake', 12000],
['beetle', 15000]]                   ← 정렬 결과(인터프리터가 표시)
```

key는 정렬의 키를 지정하는 기능을 합니다. lambda는 key와 함께 사용할 때
가 많고 람다식 또는 람다 함수라고도 합니다. lambda y: y[1]은 안쪽 배열
(고객 이름과 구매액)에 y라고 이름을 붙이고 인덱스값이 1인 데이터(구입액)
를 반환합니다.

이제 구입액을 키로 하는 데이터 정렬을 만들 수 있습니다.

구입액을 내림차순으로 정렬해 봅시다. sorted(x, key=lambda y: y[1],
reverse=True)를 입력하고 Enter 를 누르세요.

실행 화면 — ☐ ×

```
>>> sorted(x, key=lambda y: y[1], reverse=True)   ← 정렬 실행(사용자가 입력)
[['beetle', 15000], ['snake', 12000], ['raccoon', 8000], ['rabbit',
5000], ['bear', 3000]]                            ← 정렬 결과(인터프리터가 표시)
```

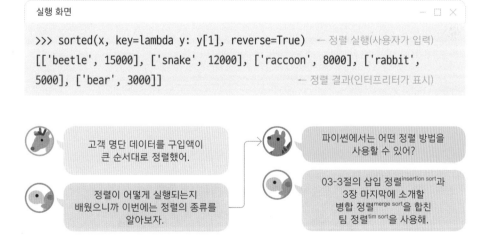

03-3

어느 곳에 넣을까요?
― 삽입 정렬

삽입 정렬이란?

삽입 정렬은 데이터를 앞에서 또는 뒤에서 하나씩 살펴본 뒤 적절한 위치에 삽입하고 정렬하는 방식입니다. 정렬 대상인 데이터의 수가 적을 때 사용합니다.

알고리즘 문제 | 키 순서대로 줄을 서자!

키 순서대로 줄을 설 때 자신의 위치를 어떻게 알 수 있을까요?

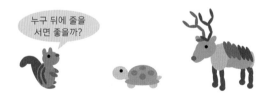

삽입 정렬이 작동하는 과정

삽입 정렬에서 데이터를 정렬하는 과정을 가방에 비유해서 설명하겠습니다. 가방에 붙은 꼬리표 숫자는 데이터의 키^{key}를 뜻합니다. 삽입 정렬을 사용하여 가방의 꼬리표 숫자를 오름차순으로 정렬하겠습니다.

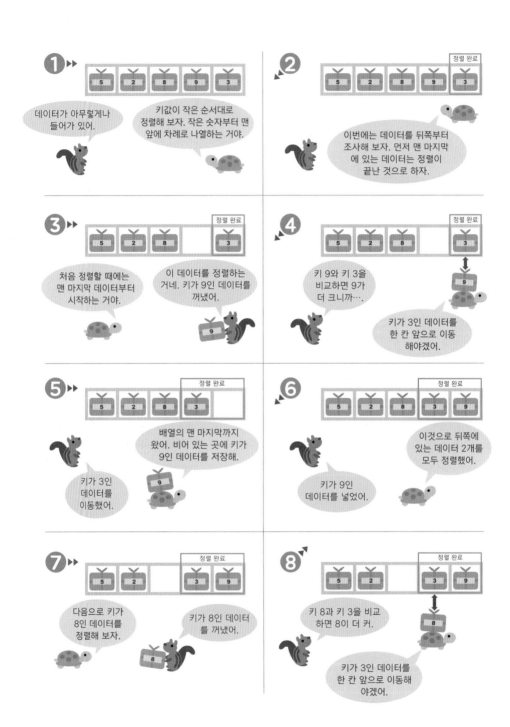

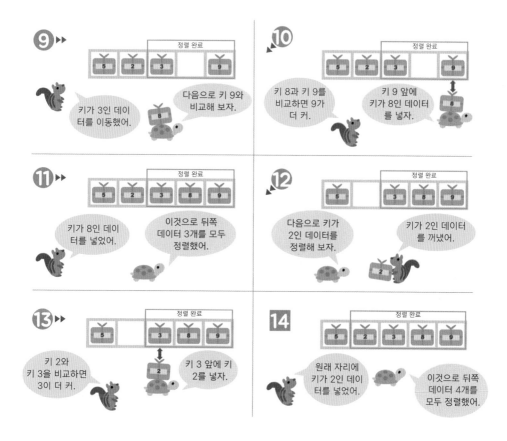

키 2는 데이터를 꺼낸 뒤에 제자리에 넣었습니다. 한 번 꺼낸 데이터를 제자리에 돌려놓는다고 하니 아무 소용없어 보일 수 있지만, 전체 과정을 이해하기 쉽도록 그림으로 나타낸 것입니다. 실제 컴퓨터에서는 데이터를 복사해서 꺼내므로 칸이 파괴되지 않는 한 원래 데이터는 남아 있습니다.

이어서 정렬을 해보자.

앞 내용에 이어서 키가 5인 데이터를 정렬해 보세요. 정렬이 모두 끝나면 키
는 어떻게 나열되어 있을까요? 다음 그림에 적어 봅시다.

답안지

삽입 정렬을 마친 뒤의 키를 써넣어 봅시다.

손으로 직접
적어 보세요!

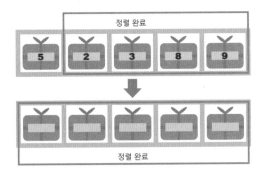

알고리즘
정답 │ 풀이를 확인해 보자!

삽입 정렬의 순서에 따라
실제로 정렬해 보자.

❶

맨 마지막으로 키가 5인
데이터를 정렬해 보자.

키가 5인 데이터를
꺼냈어.

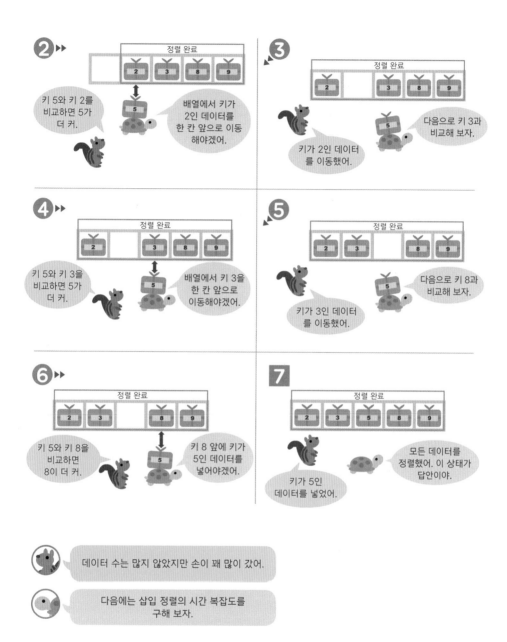

데이터 수는 많지 않았지만 손이 꽤 많이 갔어.

다음에는 삽입 정렬의 시간 복잡도를 구해 보자.

03-4

삽입 정렬의 시간 복잡도가
최선일 때

삽입 정렬에서 가장 빠를 때의 시간 복잡도 구하기

 먼저 삽입 정렬에서 가장 빠를 때를 생각해
보려고 해. 다음처럼 잘 정렬된 입력 데이터를 예로
들어 숫자가 작은 것부터 차례로 나열해 보자.

삽입 정렬에서 가장 빠르게 정렬하는 입력 데이터의 예

 가장 빠른 거라면… 03-3절 마지막
결과를 이용하면 되겠다.

 그런데 만약 입력 데이터가 10만
개라면 정렬이 끝난 것을 사람이
어떻게 확인할 수 있지? 큰일이네.

 삽입 정렬 순서에 따라 실제로
정렬해 보자.

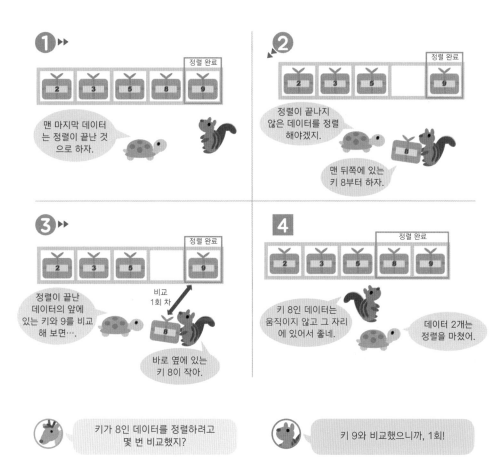

 알고리즘 문제 | 비교한 횟수를 세어 보자!

나머지 키 5, 3, 2를 정렬합시다. 바로 앞에서 한 것까지 합쳐서 총 몇 회 비교할까요?

> 앞에서 했던 방법대로 정렬할 데이터 키를 정렬을 마친 데이터 키와 비교해 보자.

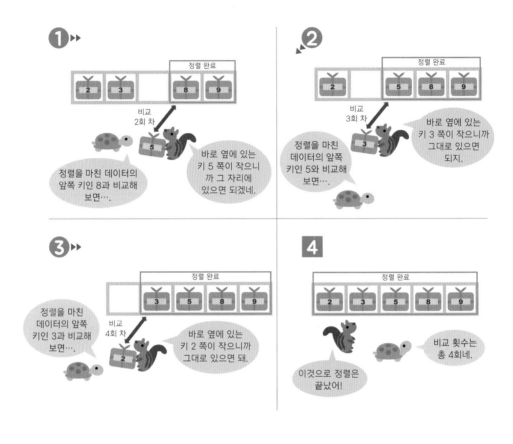

알고리즘 문제 | 정렬이 가장 빠를 때의 시간 복잡도를 구하자!

데이터가 n개일 때 삽입 정렬이 가장 빠르게 작동한다면 몇 회 비교할까요?

데이터가 n개일 때 정렬할 데이터는 모두 몇 개일까?

정렬할 데이터는 n - 1개야.

맨 마지막 데이터 1개는 정렬하지 않아도 되니까….

데이터 1개를 정렬할 때 한 차례 비교해야 하니까 비교 횟수는….

n - 1회야.

알고리즘 정답 | n - 1회

데이터가 n개일 때 맨 마지막 데이터는 정렬을 맨 처음 마친 것으로 보니까 비교 횟수는 n - 1회야.

O 표기법으로 써보자.

O 표기법

   n - 1

→ n   주요 항만 남깁니다.

→ O(n)   O와 괄호는 붙입니다.

삽입 정렬에서 가장 빠를 때의 시간 복잡도는 O(n)이네.

다음으로 가장 느릴 때를 살펴보자.

여기서는 배열에서 검색하거나 정렬할 때 도움이 되는 방법을 소개합니다. 예를 들어 선형 검색으로 배열에서 데이터를 찾을 때 원하는 데이터가 없으면 도중에 밖으로 나가게 됩니다. 배열 밖으로 나가지 않으려면 어떻게 해야 할까요? 답은 이어서 소개할 보초법을 참고하세요.

원하는 데이터가 없으면⋯

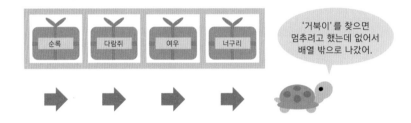

알기 쉬운
용어 풀이 | 데이터를 미리 넣어 두자 — 보초법

보초법이란?

보초법^{sentinel method}은 프로그램을 빠르게 만들어 주는 방법입니다. 어떤 조건을 만족하는 데이터를 검색할 때 그 조건을 만족하는 것으로 보이는 데이터를 미리 배열 끝에 추가하면 배열 끝에 도달하는 과정을 생략할 수 있어서 프로그램의 처리 속도가 빨라집니다.

보초법을 사용하지 않을 때

예를 들어 선형 검색으로 배열에서 '거북이' 데이터를 찾을 때 없으면 도중에 배열 밖으로 나가게 됩니다. 그러므로 데이터가 '거북이'인지 조사하는 동시에 검색하는 도중에 배열 밖으로 나갔는지 확인해야 합니다.

보초법을 사용할 때

검색을 시작하기 전에 배열 끝에 보초법으로 '거북이' 데이터를 넣어 두면 반드시 찾을 수 있으므로 배열 밖으로 나갈 걱정은 하지 않아도 됩니다. 이때 데이터가 '거북이'인지만 조사하면 되므로 배열 밖으로 나갈지 또는 나가지 않을지를 확인할 필요가 없습니다. 이렇게 확인하는 과정이 없는 만큼 프로그램의 처리 속도가 빨라집니다.

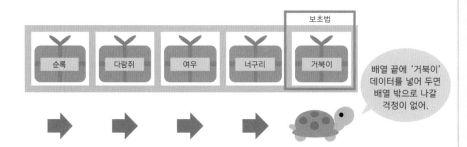

보초법은 삽입 정렬이나 퀵 정렬 같은 정렬 알고리즘에서 사용합니다. 보초법을 사용해서 프로그램이 얼마나 빠르게 처리하는지는 사용하는 컴퓨터에 따라 다릅니다.

실행 속도가 빠른 컴퓨터는 프로그램 실행 시간을 측정해도 보초법의 효과를 실감하지 못할 수도 있습니다. 그러나 보초법을 익숙하게 사용하는 프로그래머라면 보초법의 장점을 활용해서 프로그램을 간결하게 만들 수 있습니다.

03-5

삽입 정렬의 시간 복잡도가
최악일 때

삽입 정렬에서 가장 느릴 때의 시간 복잡도 구하기

 이번에는 삽입 정렬에서 가장 불편한 경우를
알아보려고 해. 다음 예에서 숫자가 작은
데이터부터 순서대로 나열해 보자.

삽입 정렬에서 가장 느리게 정렬하는 입력 데이터의 예

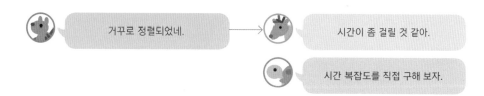
거꾸로 정렬되었네.
시간이 좀 걸릴 것 같아.
시간 복잡도를 직접 구해 보자.

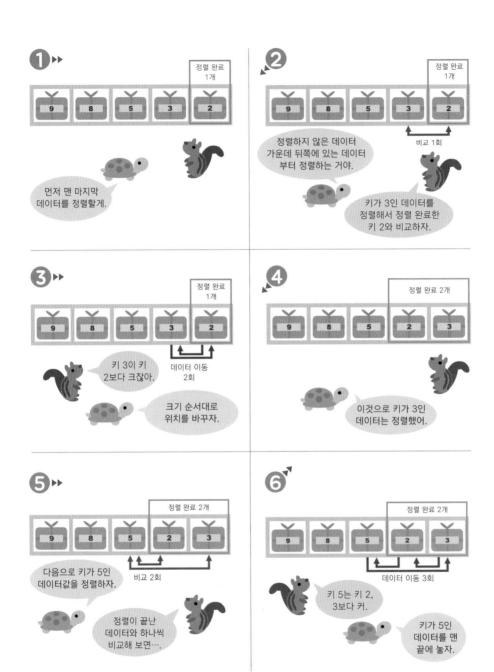

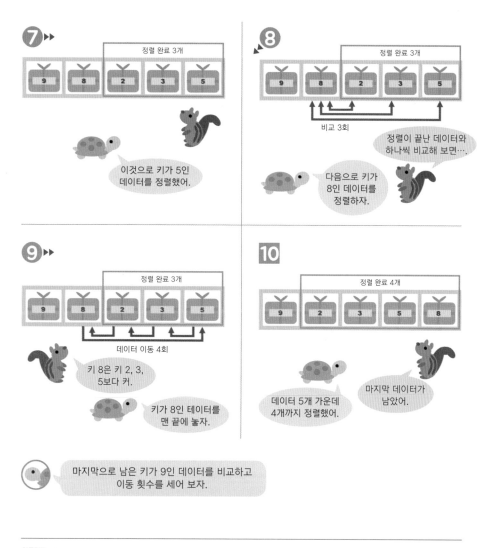

알고리즘
문제 │ 마지막 데이터의 비교 횟수는?

마지막으로 남은 키가 9인 데이터를 정렬하려면 몇 회 비교해야 할지 키와 비교할 데이터를 화살표로 연결하면서 세어 보세요.

키와 비교할 데이터를
화살표로 연결하세요.

손으로 직접
적어 보세요!

정렬 완료 4개

| 9 | 2 | 3 | 5 | 8 |

알고리즘 정답 | 비교 횟수: 4회

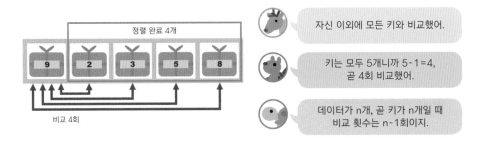

정렬 완료 4개

| 9 | 2 | 3 | 5 | 8 |

비교 4회

자신 이외에 모든 키와 비교했어.

키는 모두 5개니까 5-1=4,
곧 4회 비교했어.

데이터가 n개, 곧 키가 n개일 때
비교 횟수는 n-1회이지.

알고리즘 문제 | 마지막 데이터의 이동 횟수는?

마지막으로 남은 키가 9인 데이터를 정렬하려면 몇 회 이동해야 할지 이동할
데이터와 칸을 화살표로 연결하면서 세어 보세요.

답안지

이동할 데이터와 칸을
화살표로 연결하세요.

손으로 직접
적어 보세요!

정렬 완료 4개

| 9 | 2 | 3 | 5 | 8 |

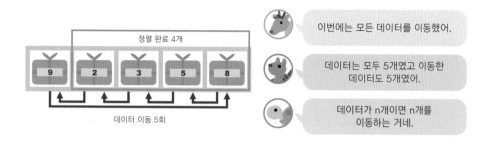

이번에는 모든 데이터를 이동했어.

데이터는 모두 5개였고 이동한 데이터도 5개였어.

데이터가 n개이면 n개를 이동하는 거네.

알고리즘
문제 │ 비교한 총 횟수를 세어 보자!

데이터 입력이 가장 안 좋은 경우의 정렬이 끝났어.

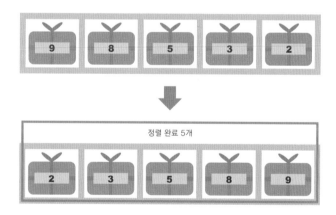

데이터 입력이 가장 안 좋은 경우 정렬한다면 모두 몇 회 비교해야 할까요?

키 2를 정렬 완료했을 때에는
비교하지 않았어.

 그때는 1회 비교했어.

 그때는 0번 비교했어.

 키 5를 정렬할 때에는 2회, 8일
때에는 3회, 9일 때에는 4회,
이렇게 각각 비교해 봤어.

 키 3을 정렬할 때에는 키 2와
비교했어.

 1 + 2 + 3 + 4 = 10이니까 모두
10회 비교했어.

알고리즘
정답 | 비교한 총 횟수: 10회

 데이터 n개를 정렬할 때에는 모두
몇 회 비교할까?

 그 공식은 어떻게 나온 거야?

 $1 + 2 + 3 + \cdots + (n-3) + (n-2) + (n-1)$,
계산하는 식으로 표현하면 $\frac{1}{2}n(n-1)$
회야.

 다음 그림으로 설명할게.

$1 + 2 + 3 + \cdots + (n - 3) + (n - 2) + (n - 1)$ 계산(1)

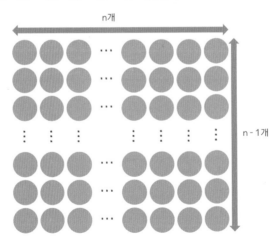

 동그라미가 가로 n개, 세로 n − 1개,
모두 n × (n − 1) = n(n − 1)개가 있어.

 왼쪽에서 오른쪽 아래로 사선
방향 안쪽 동그라미의 절반을
노란색으로 칠해 보자.

152

1 + 2 + 3 + ⋯ + (n - 3) + (n - 2) + (n - 1) 계산(2)

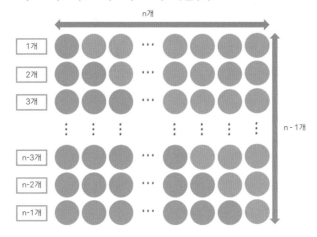

노란색 동그라미를 살펴보면
1개, 2개, 3개, ⋯, (n - 3)개, (n - 2)개,
(n - 1)개로 되어 있지.

노란색 동그라미는 모두 1 + 2 + 3 +
⋯ + (n - 3) + (n - 2) + (n - 1)개야.
이게 우리가 구하고 싶던 계산식이야.

노란색 동그라미는 전체 동그라미의
절반이니까 $\frac{1}{2}n(n-1)$개야.

결국 1 + 2 + 3 + ⋯ + (n - 3) + (n - 2)
+ (n - 1) = $\frac{1}{2}n(n - 1)$인 거네.

어떻게 계산하는지 잘 알겠어.

삽입 정렬은 데이터 입력이 안 좋으면
이렇게 $\frac{1}{2}n(n - 1)$회 비교해.

알고리즘 문제 | 이동한 총 횟수를 세어 보자!

데이터 입력이 안 좋은 경우 정렬한다면 데이터를 모두 몇 회 이동해야 할까요?

데이터끼리 비교할 때와 똑같이 계산할 수 있을 것 같아.

 키 2를 정렬 완료했을 때에는 데이터를 이동하지 않았으니까 이동 횟수는 0회야.

 키 3을 정렬할 때에는 키 2와 3인 데이터를 각각 이동했어.

 2회 이동했지.

 키 5를 정렬할 때에는 키 2, 3, 5인 데이터를 이동했어. 방금 이동한 데이터를 또 이동한 거니까….

 같은 데이터여도 이동할 때마다 1회씩으로 계산해.

 키 5를 정렬할 때에는 3회 이동했어.

 키 8일 때에는 4회, 9일 때에는 5회 이동했어.

 이동한 횟수를 모두 더하면 2 + 3 + 4 + 5 = 14, 총 14회 이동했어.

알고리즘 정답 | 이동한 총 횟수: 14회

 데이터 n개를 정렬할 때 데이터를 이동한 횟수는 모두 ….

 2 + 3 + 4 + ⋯ + (n - 2) + (n - 1) + n회야!

 1 + 2 + 3 + ⋯ + (n - 2) + (n - 1) + n회 에서 1을 뺀다고 생각하면 계산하기 쉬워.

 1 + 2 + 3 + ⋯ + (n - 2) + (n - 1) + n은 앞에서 비슷하게 계산했지.

 다음 그림을 봐.

1 + 2 + 3 + ⋯ + (n - 2) + (n - 1) + n 계산

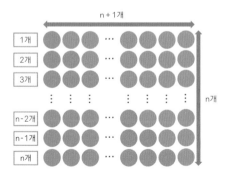

154

앞에서 본 그림 같은데….

동그라미가 가로 n + 1개, 세로 n개이니까 앞에서 본 그림과 달라.

노란색 동그라미는 1 + 2 + 3 + ⋯ + (n-2) + (n - 1) + n개이고, 여기에서 1을 빼면 계산식이 돼.

노란색 동그라미는 전체 동그라미의 절반이니까 모두 $\frac{1}{2}(n + 1)n$개야.

그렇다면 계산식은 $\frac{1}{2}(n + 1)n - 1$이야.

삽입 정렬은 데이터 입력이 가장 안 좋을 때 데이터 이동 횟수를 $\frac{1}{2}(n + 1)n - 1$회로 계산해.

알고리즘 문제 | 비교한 총 횟수를 O 표기법으로 나타내자!

삽입 정렬에서 가장 안 좋을 때 비교한 총 횟수를 O 표기법으로 나타내 보자.

데이터 비교 횟수는 총 $\frac{1}{2}n(n - 1)$회, 이렇게 계산했어.

$\frac{1}{2}n(n - 1)$을 O 표기법으로 나타내 봅시다.

참고로 $-\frac{1}{2}n$은 $-\frac{1}{2} \times n$이므로 계수 $-\frac{1}{2}$을 생략해서 + n이라고 표현합니다.

알고리즘 정답 | 비교한 총 횟수의 O 표기법: $O(n^2)$

O 표기법: 비교 횟수

$\quad \frac{1}{2}n(n - 1)$

$= \frac{1}{2}n^2 - \frac{1}{2}n$

$\rightarrow n^2 + n$ 계수는 생략합니다.

$\rightarrow n^2$ 주요 항만 남깁니다.

$\rightarrow O(n^2)$ O와 괄호는 붙입니다.

알고리즘 문제 │ 이동한 총 횟수를 O 표기법으로 나타내자!

이동한 총 횟수도 O 표기법으로 나타내 보자.

데이터 이동 횟수는 $\frac{1}{2}(n + 1)n - 1$회, 이렇게 계산해.

$\frac{1}{2}(n + 1)n - 1$을 O 표기법으로 나타내 봅시다.

O 표기법: 이동 횟수   − □ ✕

$\frac{1}{2}(n + 1)n - 1$

$= \frac{1}{2}n^2 + \frac{1}{2}n - 1$

$\rightarrow n^2 + n + 1$ 계수는 생략합니다.

$\rightarrow n^2$ 주요 항만 남깁니다.

$\rightarrow O(n^2)$ O와 괄호는 붙입니다.

알고리즘 정답 │ 이동한 총 횟수의 O 표시법: $O(n^2)$

삽입 정렬의 시간 복잡도가 최악일 때를 정리해 봅시다.

비교 횟수, 이동 횟수 모두 O 표기법으로 나타내면 $O(n^2)$이므로 데이터 정렬이 안 좋을 때 삽입 정렬의 시간 복잡도는 $O(n^2)$이야.

O 표기법이 간단하지만 정확한지는 잘 모르겠어.

컴퓨터를 예로 들어 볼게. 데이터를 1회 비교할 때 걸리는 시간을 a, 데이터를 1회 이동할 때 걸리는 시간을 b로 설정한 컴퓨터가 있다고 해보자. 최악인 경우에 걸리는 계산 시간은 'a×비교 횟수 + b×이동 횟수'인 거지.

이 식을 O 표기법으로 나타내 보자.

그렇구나! 데이터 정렬이 최악일 때 삽입
정렬의 시간 복잡도는 $O(n^2)$이구나.

사용하는 컴퓨터에 따라 다르지만 정렬하는 데이터의 수가 적을 때에는 O(n log n) 알고리즘보다 삽입 정렬 쪽의 속도가 더 빠를 수 있습니다. 그러므로 데이터가 대량일 때에는 O(n log n)의 퀵 정렬이나 병합 정렬을 사용하고, 정렬하는 동안 데이터를 작게 나눠서 비교하고 이동할 때에는 삽입 정렬을 사용합니다.

최솟값 또는 최댓값을 찾아 비교해요
— 선택 정렬

선택 정렬이란?

선택 정렬은 많은 데이터 가운데 가장 작은 값 또는 가장 큰 값을 찾아서 배열 끝으로 이동해서 정렬하는 방법입니다. 다음 예시는 선택 정렬의 과정을 보여 줍니다.

걸음이 빠른 순서로 나열하기

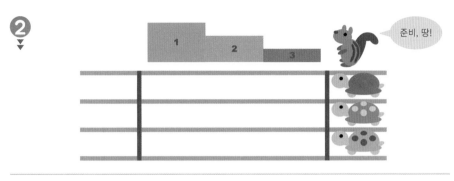

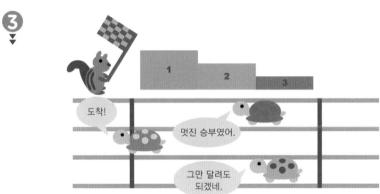

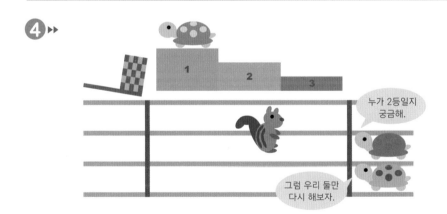

159

선택 정렬에서 '선택'은 영어로 selection인데 이 말에는 '도태'라는 뜻도 담겨 있습니다. 도태란 여럿 중에서 필요하지 않거나 적당하지 않은 것을 줄여서 없애는 것입니다. 선택 정렬에서 가장 적당한 데이터를 꺼내는 모습은 마치 도태되는 과정과 비슷합니다.

 선택 정렬을 이용해서 데이터를 정렬해 보자. 키값이 작은 순서대로 나열해 볼게.

선택 정렬이 작동하는 과정

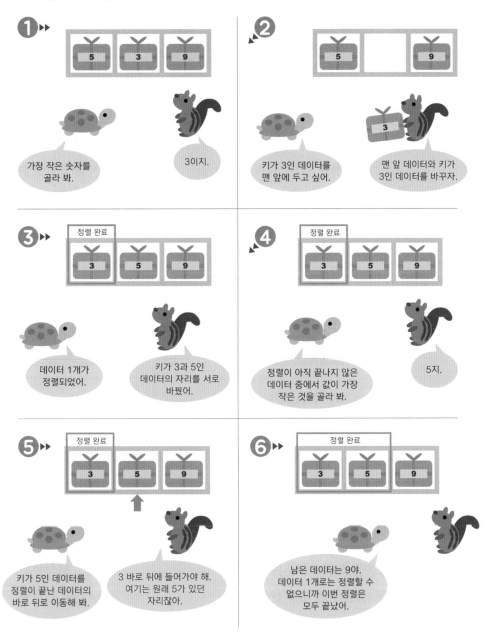

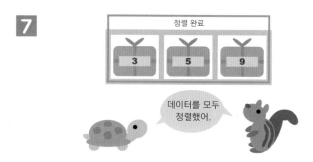

최솟값은 어떻게 찾을까?

키가 가장 작은 데이터는 어떻게 찾아야 할까? 앞에서는 데이터 수가 적어서 정렬 과정이 한눈에 잘 들어왔는데 말이야.

데이터가 1,000개로 늘어나면 찾기 힘들 것 같아.

데이터 수가 많을 때에도 확실하게 찾을 수 있는 방법을 쓰면 돼.

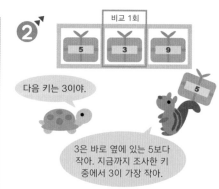

162

비교 횟수를 사용해서 선택 정렬의
시간 복잡도를 구해 보자.

163

선택 정렬의
시간 복잡도

선택 정렬의 시간 복잡도 구하기

 앞에서 최솟값을 찾으려고
몇 회 비교했지?

 맨 처음 데이터를 조사할 때에는
비교하지 않았어. 그다음에 3과 5를
비교하고, 마지막으로 3과 9를
비교했어.

 모두 2회 비교했어.

 처음에 데이터 1개를 조사할 때에는
비교하지 않았으니까, 데이터가 n개일
때 비교 횟수는….

 n - 1회야.

최솟값을 찾으려면 몇 회 비교할까요?

데이터 수(개)	비교 횟수(회)
n	n - 1
n - 1	n - 2
n - 2	n - 3
…	
3	2
2	1
1	0

선택 정렬이 끝날 때까지 모두 몇 회 비교할까?

 1 + 2 + 3 + … + (n-3) + (n - 2) + (n - 1) … 이 계산은 삽입 정렬에서도 사용했어.

 총 비교 횟수는 $\frac{1}{2}n(n - 1)$회야.

 O 표기법으로 나타내면 $O(n^2)$이야.

 시간 복잡도는 최선일 때와 최악일 때 모두 똑같이 $O(n^2)$야.

알고리즘
알고리즘 문제 │ 데이터 교환이 가장 적을 때 횟수는?

 데이터가 있는 자리를 교환하는 횟수도 구해 보자.

 삽입 정렬에서 데이터가 이동하는 횟수를 구했어.

 선택 정렬에서는 데이터가 이동할 때 반드시 데이터가 있는 자리를 바꿔야 했어. 데이터를 교환하는 횟수를 세는 쪽이 좋을 것 같아.

 선택 정렬에서 교환 횟수가 가장 적을 때를 생각해 보자.

다음 데이터에서 선택 정렬로 데이터를 교환하는 횟수를 구해 봅시다.

선택 정렬에서 데이터 교환 횟수가 가장 적은 입력 데이터의 예

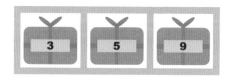

 이번에도 이미 데이터가 정렬되어 있어서 교환 횟수가 가장 적은 거구나!

 실제로 선택 정렬을 사용해서 데이터 교환 횟수를 구해 보자.

알고리즘 정답 | 데이터 교환이 가장 적을 때 횟수: 0회

 좋았어! 데이터를 한 번도 교환하지 않았어.

알고리즘 문제 | 데이터 교환이 가장 많을 때 횟수는?

이번에는 선택 정렬에서 데이터 교환 횟수가
가장 많을 때를 알아보자.

다음 데이터에서 선택 정렬로 데이터를 교환하는 횟수를 구해 봅시다.

선택 정렬에서 데이터 교환 횟수가 가장 많은 입력 데이터의 예

데이터 교환 횟수가 가장 많을 때에도
적을 때처럼 행운이 계속 올까?

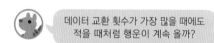

데이터를 하나씩 정렬할 때마다
데이터 교환이 발생해.

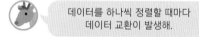

행운을 다시 만나는 대신 데이터
교환이 2회 발생했네.

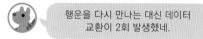

❶▸▸

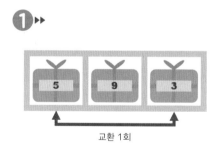

교환 1회

❷▸▸

정렬 완료

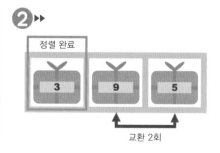

교환 2회

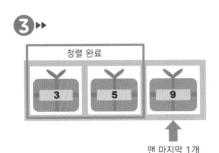

③ ▶▶

정렬 완료

| 3 | 5 | 9 |

↑
맨 마지막 1개

4

정렬 완료

| 3 | 5 | 9 |

알고리즘 정답 | 데이터 교환이 가장 많을 때 횟수: 2회

 데이터가 n개일 때 데이터를 교환하는 횟수는 최대 몇 회일까?

 맨 마지막에 남은 데이터 1개는 교환하지 않아도 되니까….

알겠다! n − 1회야!

O 표기법으로 나타내면 O(n)이지.

선택 정렬의 시간 복잡도를 정리해 봅시다.

 선택 정렬의 시간 복잡도를 구해 보자.

 데이터를 1회 비교할 때 걸리는 시간을 a, 데이터를 1회 교환할 때 걸리는 시간을 b로 설정한 컴퓨터가 있다고 해보자.

 선택 정렬에 걸리는 시간은 'a × 비교 횟수 + b × 교환 횟수'이지.

 먼저 데이터 교환 횟수가 가장 적을 때의 시간 복잡도를 구해 보자.

O 표기법: 데이터 교환 횟수가 가장 적을 때

$$a \times \text{비교 횟수} + b \times \text{교환 횟수}$$
$$= a \times \frac{1}{2}n(n-1) + b \times 0$$
$$= \frac{a}{2}n^2 - \frac{a}{2}n$$
$$\rightarrow n^2 + n \quad \text{계수는 생략합니다.}$$
$$\rightarrow n^2 \quad \text{주요 항만 남깁니다.}$$
$$\rightarrow O(n^2) \quad \text{O와 괄호는 붙입니다.}$$

 다음은 데이터 교환 횟수가 가장 많을 때의 시간 복잡도야.

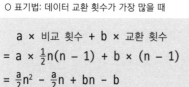

O 표기법: 데이터 교환 횟수가 가장 많을 때   — ☐ ✕

$$a \times 비교\ 횟수 + b \times 교환\ 횟수$$
$$= a \times \frac{1}{2}n(n-1) + b \times (n-1)$$
$$= \frac{a}{2}n^2 - \frac{a}{2}n + bn - b$$
$$= \frac{a}{2}n^2 - (\frac{a}{2} - b)n - b$$
$$\rightarrow n^2 + n + 1 \quad 계수는\ 생략합니다.$$
$$\rightarrow n^2 \quad\quad\quad 주요\ 항만\ 남깁니다.$$
$$\rightarrow O(n^2) \quad\quad O와\ 괄호는\ 붙입니다.$$

 데이터 교환 횟수인 0회나 n - 1회는 무시하고 O(n^2)이 시간 복잡도가 되는구나.

 데이터를 교환하는 횟수가 적다는 것이 선택 정렬의 장점이네.

 비교 횟수만으로 시간 복잡도가 결정되는구나.

 데이터를 교환할 때 시간이 걸리는 컴퓨터를 사용하면 선택 정렬이 좋은 방식일 수 있겠어.

 비교 횟수는 언제나 O(n^2)이니까 선택 정렬의 시간 복잡도는 O(n^2)이야.

참고로 선택 정렬을 응용한 **힙 정렬**heap sort은 시간 복잡도가 O(n log n)인 정렬 알고리즘입니다. 트리 구조를 활용해서 최솟값을 찾는 작업을 빠르게 처리합니다.

169

03-8

이웃한 데이터를 교환해 천천히 떠올라요 — 버블 정렬

버블 정렬이란?

버블 정렬은 이웃한 데이터를 교환하는 방법입니다. 거품이 물 위로 떠오르듯이 최솟값 또는 최댓값이 배열 끝으로 이동합니다.

먼저 버블 정렬을 그림으로 살펴보자.
버블bubble은 거품을 말해.

가장 작은 데이터부터 위로 올려!

1번 키가 작으니
위로 올라와라!

 부르기만 해도 가장 작은 키 데이터가 위로 올라오는 거네?

 버블 정렬의 내부 모습을 살펴보자.

버블 정렬이 작동하는 과정

이어서 버블 정렬을 마무리해 보자!

앞 내용에 이어서 버블 정렬을 실행해 보세요. 빨간 사각형으로 둘러싼 데이터 2개를 바꿔야 할까요?

빨간색 사각형으로 둘러싼 데이터 2개를 교환해야 할지 생각해 보세요.

 데이터 키 2개의 크기를 비교해야 봐.

 아래쪽 데이터 키가 작으니까 위치를 바꿔야 해.

알고리즘
정답 | 빨간색 사각형으로 둘러싼 데이터 2개를 바꿔 넣으세요.

 실제로 바꿔 보자.

버블 정렬의 시간 복잡도

버블 정렬에서 비교 횟수는 선택 정렬과 같은 방법으로 계산할 수 있으며 항상 $O(n^2)$입니다. 데이터를 교환하는 횟수는 가장 적을 때 0회, 가장 많을 때 $1 + 2 + 3 + \cdots + (n - 3) + (n - 2) + (n - 1) = \frac{1}{2}n(n - 1)$회, 곧 $O(n^2)$입니다.

비교 횟수가 항상 $O(n^2)$이니까 최선일 때와 최악일 때 모두 버블 정렬의 시간 복잡도는 $O(n^2)$이야.

최악일 때 버블 정렬의 교환 횟수는 $O(n^2)$, 선택 정렬의 교환 횟수는 $O(n)$으로 계산해.

버블 정렬은 교환 횟수가 선택 정렬보다 많은 것이 단점이야.

버블 정렬을 개량해서 교환 횟수를 줄인 것이 선택 정렬이야.

03-9

기준값을 두고 데이터를 나눠요
— 퀵 정렬

퀵 정렬이란?

퀵 정렬은 기준값, 즉 **피벗**^{pivot}이라는 값의 크기에 따라 작은 데이터와 큰 데이터로 분류하는 작업을 반복해서 정렬하는 알고리즘입니다. 데이터를 빠르게 정렬해서 인기가 많은 방식입니다.

▶ 퀵 정렬에서 데이터를 분류하는 작업에 기준이 되는 데이터를 피벗이라고 합니다. 여기서는 이해하기 쉽게 '기준값'이라고 하겠습니다.

 먼저 퀵 정렬을 그림으로 살펴보자.

다음 그림에서는 기준값을 문의 크기에 비유했습니다. 문을 통과하는 작은 데이터를 왼쪽에 놓고 통과할 수 없는 큰 데이터를 오른쪽에 둡니다.

문을 통과할 수 있는 크기입니까?

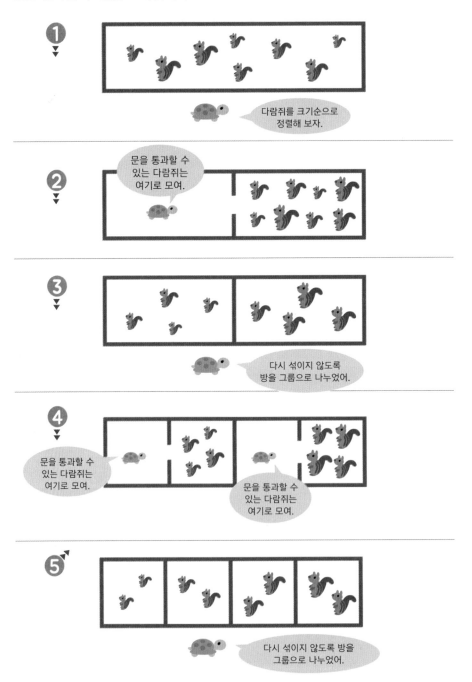

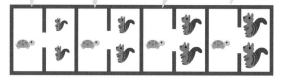

벽을 부수자.

8

모든 다람쥐가 크기 순서로 줄을 섰어.

정렬이 아주 잘 되었어!

다음으로 데이터로 퀵 정렬을 해보자.

레벨 업!

퀵 정렬에서 기준값을 선택하는 여러 가지 방법

퀵 정렬은 기준값을 선택하는 방법에 따라 데이터 정렬의 효율이 달라집니다. 기준값의 크기에 따라 데이터를 2개로 나눴을 때 각각 절반에 가깝게 할당하면 정렬에서 효율이 좋아집니다. 기준값을 선택하는 방법은 여러 가지입니다. 맨 앞과 중간 그리고 마지막 데이터를 기준값으로 하는 방법, 여러 데이터를 크기 순으로 나열했을 때 중앙값을 기준값으로 정하는 방법, 무작위로 선택한 데이터 를 기준값으로 정하는 방법 등이 있습니다.

퀵 정렬이 작동하는 과정

180

 퀵 정렬을 담당한 순록이 정렬할 때마다 또 다른 순록을 불러냈어.

 순록이 또 다른 순록을 불러내는 것처럼 자신을 반복해서 호출하는 것을 프로그래밍 용어로 재귀 호출이라고 해.

많은 프로그래밍 언어에서 재귀 호출은 함수를 사용해서 구현합니다. 어떤 함수가 자기 자신을 호출하는 것을 **재귀 호출**이라고 합니다.

 데이터가 홀수 개일 때 기준값은 정렬의 중앙에 있는 데이터이겠지만, 짝수 개라면 어떻게 해?

 중앙에서 바로 왼쪽에 있는 데이터를 기준값으로 하면 돼. 만약 데이터가 4개라면 왼쪽에서 2번째 데이터가 되겠지.

데이터가 홀수 개일 때

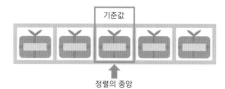

데이터가 짝수 개일 때

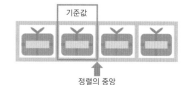

나눠서 정렬하는 전략 ─ 분할 정복 알고리즘

퀵 정렬과 병합 정렬에서는 입력 데이터를 나눠서 작게 정리한 다음에 정렬합니다. 이렇게 입력 데이터를 더 작게 나눠서 정리하는 알고리즘을 분할 정복divide and conquer이라고 합니다. 분할 정복 알고리즘을 적절하게 사용하면 데이터를 빠르게 처리할 수 있습니다. 여기서 핵심은 문제를 작게 나눠서 해결한 결과를 어떤 형태로 기록하고 이용하는가에 있습니다. 예를 들어 데이터끼리 비교해서 도출한 결과가 존재하는 데이터 조합에서는 반복해서 비교하지 않도록 정렬 알고리즘을 설계하면 정렬 시간을 단축할 수 있습니다.

03-10

퀵 정렬에서 가장 느릴 때와
빠를 때 비교하기

퀵 정렬의 시간 복잡도 구하기

퀵 정렬에서 가장 빠를 때와 느릴 때의 시간 복잡도를 구해 봅시다.

앞에서 퀵 정렬에 참여한
순록을 모두 불러내자.

순록은 모두 모여라!

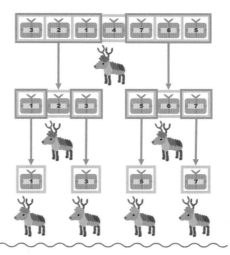

이번에는 순록을 그룹으로 나누자.

가로로 한 줄로 늘어선 순록이 한
그룹이야.

182

순록을 그룹으로 나누기

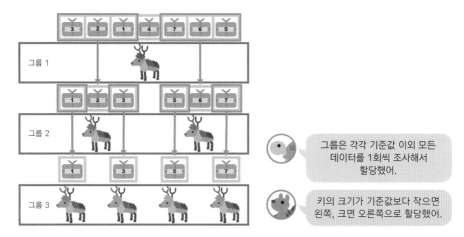

그룹은 각각 기준값 이외 모든 데이터를 1회씩 조사해서 할당했어.

키의 크기가 기준값보다 작으면 왼쪽, 크면 오른쪽으로 할당했어.

왼쪽과 오른쪽으로 나누기

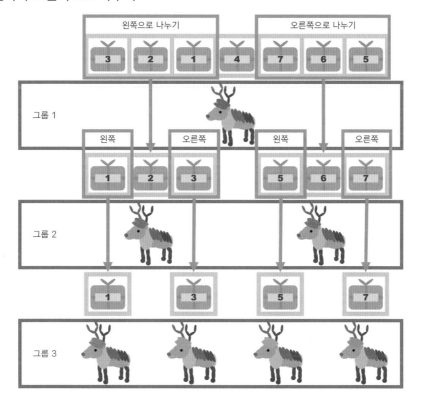

키를 조사하는 횟수로 퀵 정렬의
시간 복잡도를 나타내 보자.

 데이터가 들어갈 자리를 교환하는
횟수는 세지 않아도 되나?

 키를 조사하는 횟수에 비해 교환하는
횟수는 모두 적기 때문에 괜찮을 것
같아. 기준값 이외의 값을 모두
조사하지만 모든 데이터를 교환하는
건 아니니까 말이야.

그렇다면 기준값과 같은 값은 오른쪽과 왼쪽 어느 쪽에 할당해야 하는지 궁금
할 것입니다. 어느 쪽에 놓아도 정렬할 수 있습니다.

퀵 정렬에서 가장 느릴 때의 시간 복잡도

 순록 그룹의 수가 가장 많이 늘어나서
느릴 때의 시간 복잡도를 알아보자.

 이번 예시에서도 입력하는
데이터는 7개야.

퀵 정렬에서 가장 느리게 정렬하는 입력 데이터의 예

 이 데이터를 퀵 정렬로 하면
순록 그룹은 7개가 돼.

 앞의 예에서는 순록 그룹이
3개였는데 이번에는 많네.

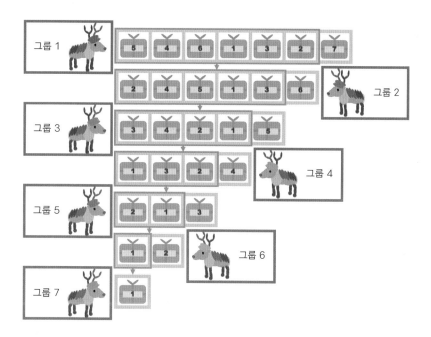

 7개 그룹의 순록이 맡은 데이터는 맨 위부터 7, 6, 5, 4, 3, 2, 1개야.

 아래로 갈수록 순록이 맡은 데이터가 1개씩 줄어들고 있어.

 데이터의 오른쪽 끝은 기준값이야. 다음에 이어지는 그룹에는 기준값을 제외한 데이터를 넘겨 주었어.

 기준값을 제외한 데이터는 맨 위부터 순서대로 6, 5, 4, 3, 2, 1개야.

 순록이 맡은 데이터가 1개가 되면 순록을 불러내지 않아.

알고리즘 문제 | 퀵 정렬이 느릴 때 키를 조사한 횟수는?

퀵 정렬에서 가장 느릴 때에는 키를 몇 회 조사할까요?

 그룹마다 순록이 키를 조사하는 것은 기준값을 제외한 데이터의 개수야.

 데이터가 1개가 되면 키를 조사하지 않아.

 그럼 앞에서 살펴본 그림에서 기준값을 제외한 데이터의 개수를 세면 되겠네.

6 + 5 + 4 + 3 + 2 + 1 = 21회입니다.

데이터가 n개일 때 키는
몇 회 조사할까?

(n - 1) + (n - 2) + (n - 3) + … +
3 + 2 + 1, 이렇게 계산하면 돼.

1 + 2 + 3 + … + (n - 3) + (n - 2) +
(n - 1), 이렇게 계산해도 똑같아.

삽입 정렬에서도 이 계산식을
본 기억이 나.

1 + 2 + 3 + … + (n - 3) + (n - 2) +
(n - 1) = $\frac{1}{2}n(n - 1)$, 이게 바로 키를
조사한 횟수야.

O 표기법으로 나타내 보자.

O 표기법

$\frac{1}{2}n(n - 1)$

$= \frac{1}{2}n^2 - \frac{1}{2}n$

$= n^2 + n$ 계수는 생략합니다.

$\rightarrow n^2$ 주요 항만 남깁니다.

$\rightarrow O(n^2)$ O와 괄호는 붙입니다.

퀵 정렬에서 최악일 때 키를 조사한
횟수는 $O(n^2)$이구나.

퀵 정렬에서 가장 빠를 때의 시간 복잡도

다음 그림은 퀵 정렬에서 가장 빠를
때의 시간 복잡도야.

순록 그룹의 수가 확실히 적네.

가장 빠를 때는 순록을 불러낼
때마다 한 마리당 맡는 데이터 수가
절반으로 줄어들어.

순록 한 마리가 맡는 데이터가
7, 3, 1개로 줄어들었어.

어라! 7개에서 3개로, 3개에서 1개로
데이터 수가 절반보다 더 줄었네?

기준값을 제외하고 정렬했기
때문이야. 기준값을 제외한 나머지
데이터의 수는 약 절반씩 나뉘었어.

퀵 정렬에서 가장 빠르게 정렬하는 입력 데이터의 예

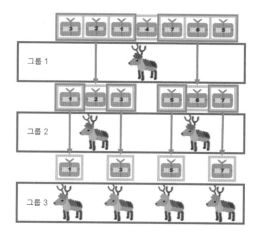

 첫 번째 그룹(데이터가 7개인 그룹)에서 기준값 1개를 제외하고 정렬된 데이터를 반으로 나누면 (7 - 1) ÷ 2 = 3개야.

 두 번째 그룹(데이터가 3개인 그룹)에서 기준값 1개를 각각 제외하고 절반으로 나누면 (3 - 1) ÷ 2 = 1개네. 그렇군.

실제에서는 기준값 1개를 제외한 뒤 데이터 수가 절반으로 나눠지지 않을 수 도 있으므로 '약 절반'으로 표현한 것입니다.

 앞의 예에서 순록 그룹은 3개야. 데이터가 n개라면 그룹은 모두 몇 개일까?

 어떻게 계산하면 될까?

 이진 검색 때 배운 log n을 사용하면 되잖아.

데이터가 n개일 때 그룹 수

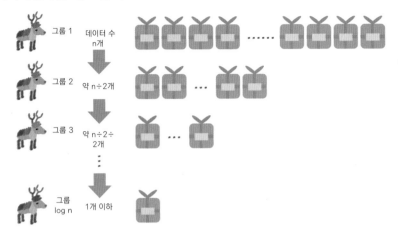

n을 몇 회 나누면 1이 되는지를
나타내는 것은 밑이 2일 때의 log야.
프로그래밍에서는 밑 2를 생략하고
단순하게 log n으로 써.

순록 1마리가 맡은 데이터를 1개로
줄이기까지 필요한 그룹은 log n개야.

이 그룹 수를 이용해서 데이터
입력이 가장 빠를 때 퀵 정렬의
시간 복잡도를 구해 보자.

키를 조사하는 횟수로 시간 복잡도를
추정하는구나.

기준값을 제외하면서 키를 조사하는
횟수를 구하는 과정이 조금 복잡하지.

그럼 생각하기 쉽게 기준값에 대해
서도 키를 조사한다고 하자.
각 그룹이 키를 조사하는 횟수는
대략 n회라고 할 수 있어.

마지막 그룹에서는 키를 조사하지
않으니까 키를 조사하는 총 횟수는
n × (그룹 수 - 1)이야.

그렇다면 시간 복잡도는
어떻게 될까?

O 표기법

n × (그룹 수 - 1)

= n × (log n - 1)

= n log n – n

→ n log n   주요 항만 남깁니다.

→ O(n log n)   O와 괄호는 붙입니다.

결국 가장 빠를 때 퀵 정렬의 시간
복잡도는 O(n log n)이야.

퀵 정렬의 평균 시간 복잡도도 O(n log n)으로 알려져 있습니다. 입력 데이터가 불규칙적으로 고르지 않게 분포할 때에도 평균 시간 복잡도는 O(n log n)으로 추정할 수 있습니다.

퀵 정렬에서 가장 빠를 때의 시간 복잡도를 더 정확하게 구해 봅시다.

 앞에서 각 그룹이 키를 조사하는 횟수를 '대략 n회'라고 했는데, '대략'이 아니라 '정확히' 계산하는 방법이 있어?

 물론이지. 시간 복잡도를 좀 더 정확하게 구해 보자. 어려우면 지금은 가볍게 훑어보고 나중에 궁금할 때 읽어도 괜찮아.

앞에서 살펴본 계산에서는 기준값에 대해서도 키를 조사한다고 했습니다. 이번 계산에서는 기준값에 대해서는 키를 조사하는 횟수에서 제외하겠습니다. 먼저 기준값이 몇 개인지 세어 봅시다.

 각 그룹이 추가하는 기준값의 수는 다음 쪽 첫 번째 그림과 같아. k번째 그룹에서 기준값 개수의 합계를 구해 보자.

 다음 쪽에 그림이 있어.

계산

k번째 그룹에서 기준값(신규·기존)의 개수
$= 1 + 2 + \cdots + 2^{k-2} + 2^{k-1}$
$= 2(1 + 2 + \cdots + 2^{k-2} + 2^{k-1}) - (1 + 2 + \cdots + 2^{k-2} + 2^{k-1})$
$= (2 + 4 + \cdots + 2^{k-1} + 2^k) - (1 + 2 + \cdots + 2^{k-2} + 2^{k-1})$
$= 2^k - 1$

추가되는 기준값의 수

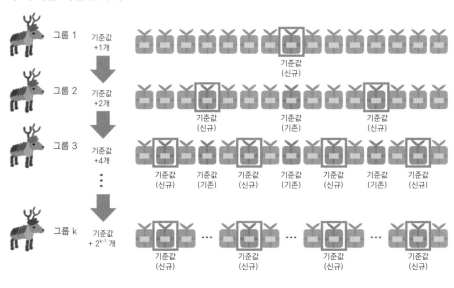

 의외로 간단한 식이 되었네.

 계속해서 1번째부터 k번째 그룹까지의 기준값 개수의 합계를 구해 보자.

계산

1번째부터 k번째 그룹까지 기준값(신규·기존) 개수의 합계

$$= (2^1 - 1) + (2^2 - 1) + \cdots + (2^{k-1} - 1) + (2^k - 1)$$
$$= (2 + 4 + \cdots + 2^{k-1} + 2^k) - k$$
$$= 2(1 + 2 + \cdots + 2^{k-2} + 2^{k-1}) - k$$
$$= 2(2^k - 1) - k$$
$$= 2^{k+1} - 2 - k$$

 데이터가 n개일 때 log n번째 그룹까지 있겠네.

 이때 기준값 개수의 합계는 다음처럼 구할 수 있어.

 log n의 밑은 2로 할게.

데이터가 n개일 때 기준값 개수의 합계

$= 2^{(\log n) + 1} - 2 - \log n$

$= 2 \times 2^{\log n} - 2 - \log n$

$= 2n - 2 - \log n$

데이터가 n개일 때 기준값을 제외하지 않고 모든 키를 조사한다면 키의 합계는 n × (log n), 곧 n log n이야.

기준값을 제외하지 않은 키 개수의 합계

= 데이터 수 × 그룹 수

$= n \times \log n$

$= n \log n$

여기에서는 마지막 그룹에서도 키를 조사해서 계산하는구나.

그렇지. 여기에서 기준값 개수의 합계를 빼면 키를 조사하는 횟수의 합계를 구할 수 있어.

키를 조사하는 횟수의 합계

= 기준값을 제외하지 않은 키 개수의 합계 − 기준값 개수의 합계

$= n \log n - (2n - 2 - \log n)$

$= n \log n - 2n + 2 + \log n$

$\rightarrow n \log n + n + 1 + \log n$ 계수는 생략합니다.

$\rightarrow n \log n$ 주요 항만 남깁니다.

$\rightarrow O(n \log n)$ O과 괄호는 붙입니다.

가장 빠를 때 퀵 정렬의 시간 복잡도는 O(n log n)이야.

앞에서 살펴본 '대략 n회'의 시간 복잡도와 같아.

퀵 정렬을 사용하는 곳

가장 안 좋을 때 퀵 정렬의 시간 복잡도는 O(n^2)인데 어떻게 사용하면 좋을까?

어떤 데이터를 정렬하고 싶은지 구체적으로 정했다면 퀵 정렬이 적절한 방식일지 검토할 수 있어.

정렬하고 싶은 데이터가 가장 안 좋은 경우라면?

그럴 때에는 기준값을 어떻게 선택할지 고민하거나 다른 알고리즘을 알아보기도 해.

일상에서 필요한 정도의 정렬을 컴퓨터로 실행할 때는 일반적으로 자주 사용하는 알고리즘으로 대충 마칠 때가 많을 거야. 일단 사용하기 쉬운 알고리즘으로 정렬해 보는 것도 좋을 것 같아. 파이썬 등의 프로그래밍 언어로 바로 사용할 수 있도록 마련된 알고리즘 같은 것으로 말이야.

입력 데이터가 크거나, 여러 번 반복해서 정렬하거나, 계산 시간이 많이 걸릴 때에는 어떤 정렬을 사용할지 자세하게 검토할 필요가 있어.

마감할 때처럼 짧은 시간에 정렬을 완료할 때에도 어울리는 알고리즘을 잘 찾아본 후 실행해야겠어.

03-11

퀵 정렬의 순서

 나도 퀵 정렬을 실제로 해보고 싶어.

 키를 조사하거나 데이터를 교환할 때 순서를 자세히 배워 보자. 규칙은 다음 6가지야.

퀵 정렬 순서 규칙

규칙 1: 첫 번째 데이터를 기준값으로 시작합니다.

규칙 2: 왼쪽에서부터 기준값보다 큰 데이터를 찾고, 오른쪽에서부터 기준값보다 작은 데이터를 찾습니다.

규칙 3: 찾으면 두 데이터를 교환합니다.

규칙 4: 두 데이터가 엇갈리는 경우에는 기준값과 작은 데이터의 위치를 서로 변경합니다.

규칙 5: 기준값을 기준으로 왼쪽과 오른쪽에서 다시 퀵 정렬을 수행하는 과정을 반복합니다.

규칙 6: 확인할 데이터가 1개일 때 종료합니다.

퀵 정렬이 작동하는 자세한 과정

① 이 데이터를 퀵 정렬하려고 해. 내가 첫 번째 담당자야.

② 가운데에 있는 데이터의 키를 기준값으로 했어.

③ 첫 번째 데이터부터 시작해야 하니 기준값을 맨 앞에 있는 데이터와 교환하자.

④ 다람쥐는 기준값 다음 데이터부터 순서대로 키보다 큰 것이 있는지 조사해라. 거북이는 반대로 맨 끝에 있는 데이터부터 거슬러 오면서 키보다 작은 것이 있는지 조사해라.

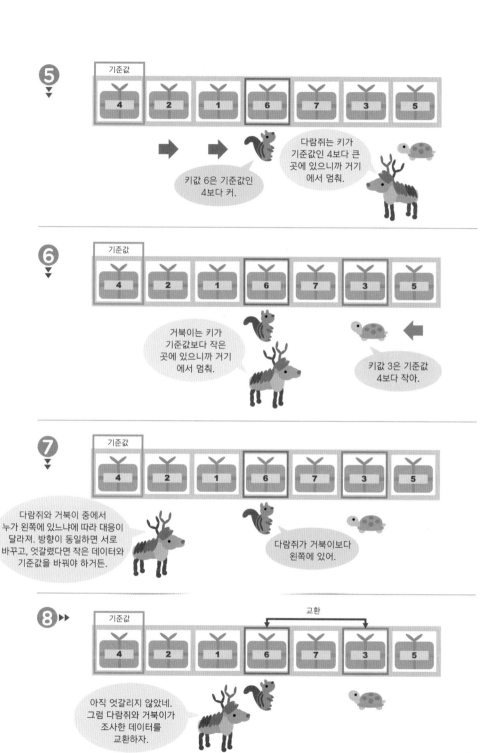

195

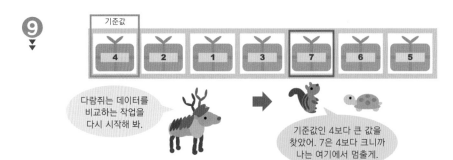

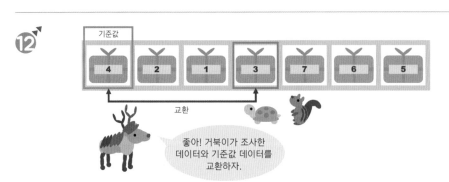

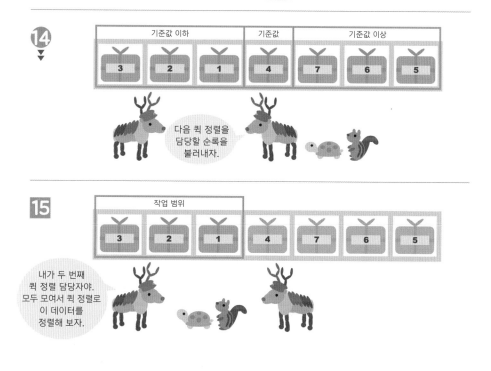

앞 내용에 이어서 퀵 정렬을 실행해 보세요. 작업할 범위에 퀵 정렬의 순서를 적용한 결과를 직접 써넣어 봅시다.

답안지

작업할 범위에서 퀵 정렬을 사용한 결과를 작성하세요.

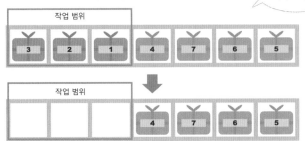

손으로 직접 적어 보세요!

우리 다람쥐들이 퀵 정렬로 작업 범위 안의 데이터를 정렬해 볼게.

알고리즘 정답 | 풀이를 확인해 보자!

정렬할 데이터의 수가 적어서 쉬울 것 같아.

이것이 기준값이야.

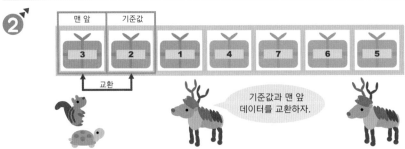

기준값과 맨 앞 데이터를 교환하자.

198

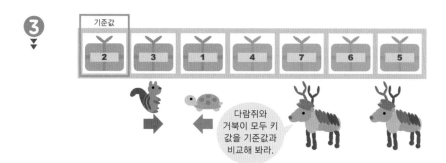

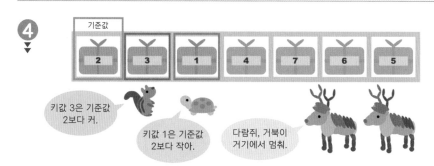

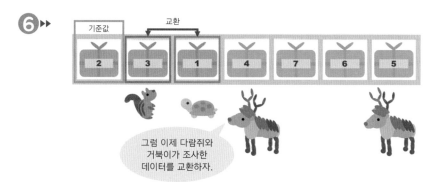

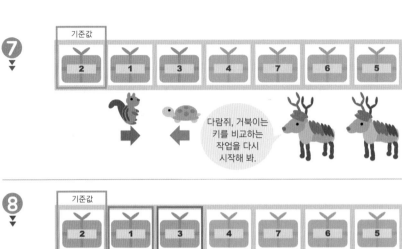

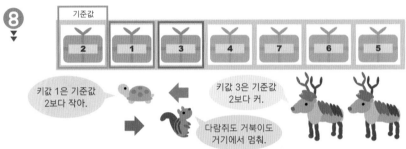

200

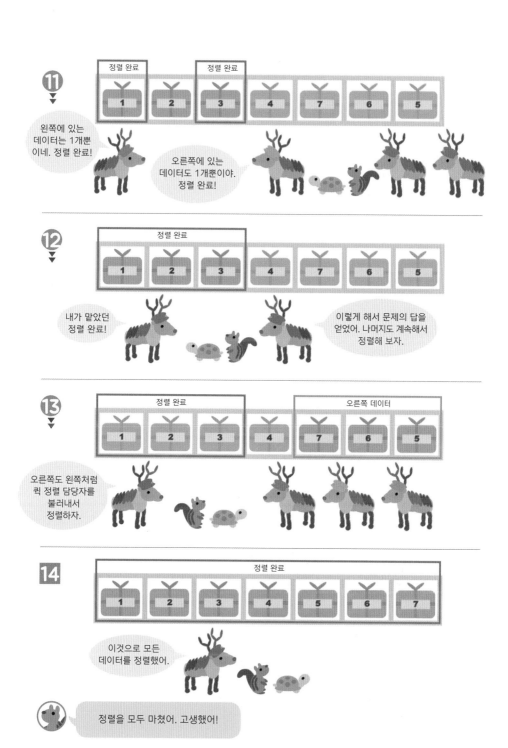

03-12

안정된 정렬 알고리즘

안정된 정렬이란?

안정된 정렬인지 아닌지는 키값이 같은 데이터가 여러 개 있을 때를 보면 됩니다. 안정된 정렬에서는 정렬한 후에도 키값이 같은 데이터의 순서가 유지됩니다. 반면 안정되지 않은 정렬에서는 정렬한 후에 키값이 같은 데이터의 순서가 유지되지 않습니다.

2

	초밥	치즈	새우튀김	케이크	주먹밥	
비싸다	10000원	8000원	7000원	4000원	1000원	싸다
	8시간	72시간	12시간	4시간	8시간	

 비싼 순서대로
음식을 정렬했어.

 안정된 정렬인가 아닌가 문제는
다음 단계에서 알아볼 거야.

 이번에는 음식의 소비 기한이
짧은 순서로 정렬해 보자.

 소비 기한이 같을 때에는 비싼
음식을 먼저 선택하자.

 우선 안정된 정렬 결과를 살펴보자.

안정된 정렬 결과

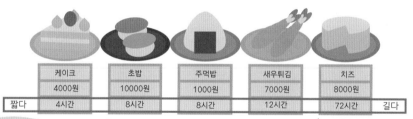

	케이크	초밥	주먹밥	새우튀김	치즈	
	4000원	10000원	1000원	7000원	8000원	
짧다	4시간	8시간	8시간	12시간	72시간	길다

 이번엔 소비 기한이
짧은 순서대로 정렬했어.
초밥과 주먹밥은
소비 기한이 같네.

 초밥이 주먹밥보다 비싸니까
앞에 오도록 정렬했어.

 원하는 대로 정렬했어! 맨 앞에 있는
음식부터 먹으며 소비 기한이 짧은
것부터 차례로 먹을 수 있어.

 소비 기한이 같을 때에는 비싼
순서로 정렬했으니까 고급 메뉴를
먼저 먹을 수 있지.

 그런데 안정되지 않은 정렬에서는
항상 잘 실행될 수는 없어.

안정되지 않은 정렬 결과

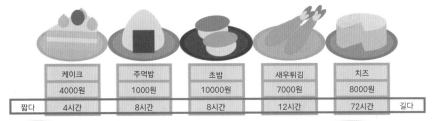

	케이크	주먹밥	초밥	새우튀김	치즈	
	4000원	1000원	10000원	7000원	8000원	
짧다	4시간	8시간	8시간	12시간	72시간	길다

가격순으로 정렬한 것을 유통 기한이 짧은 순서대로 정렬했어.

주먹밥이 초밥보다 앞에 있네. 그런데 초밥이 주먹밥보다 비싸잖아?

안정되지 않은 정렬을 사용하니까 결과가 바뀌었어, 뭐가 바뀌었지?

소비 기한이 짧은 순서로 정렬하면서 가격 순서도 유지되어야 하는데, 그렇게 되지 못했어.

가격 순서로 정렬했는데 왜 순서가 바뀌었을까?

소비 기한이 같은 초밥과 주먹밥이 비싼 순서로 정리되지 않았어.

소비 기한이 짧은 순서로 정렬할 때 키인 소비 기한의 값이 같으면 가격 순서를 유지하면서 새로 정렬해야 하는데, 바뀌어 버렸어. 이것이 문제야.

안정되지 않은 정렬에서는 어떻지?

이 책에서 설명하는 퀵 정렬은 안정되지 않은 경우야.

그래?

앞에서 사용한 음식 데이터를 실제 퀵 정렬로 정렬하면 알 수 있지.

내가 다람쥐와 함께 퀵 정렬로 해볼게. 음식을 비싼 순서로 정렬한 상태에서 시작하자.

❶

초밥	치즈	새우튀김	케이크	주먹밥
10000원	8000원	7000원	4000원	1000원
8시간	72시간	12시간	4시간	8시간

가격순으로 정렬한 데이터를 소비 기한 순으로 퀵 정렬을 해보자.

처음에는 가장 비싼 초밥은 맨 왼쪽에, 가장 싼 주먹밥은 맨 오른쪽에 있지.

204

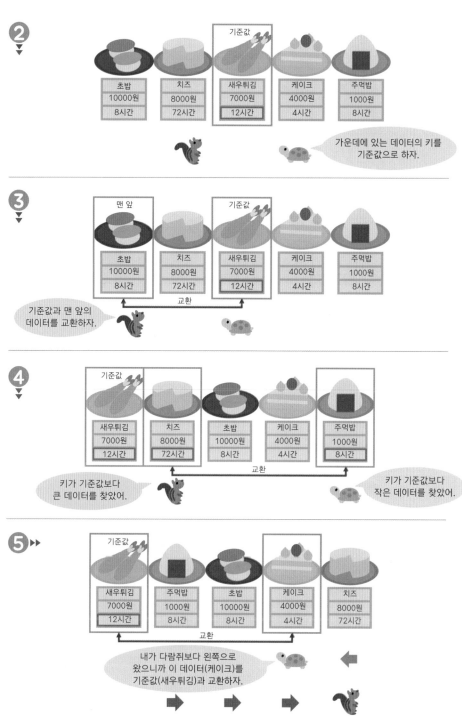

205

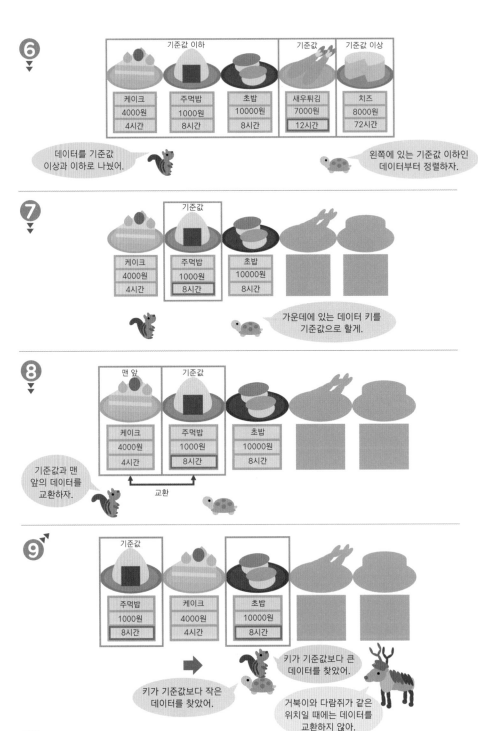

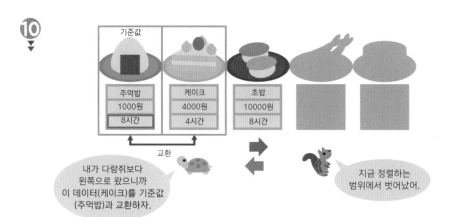

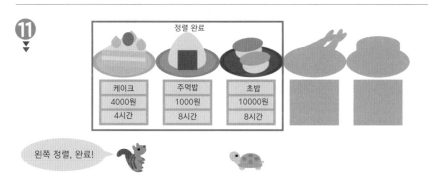

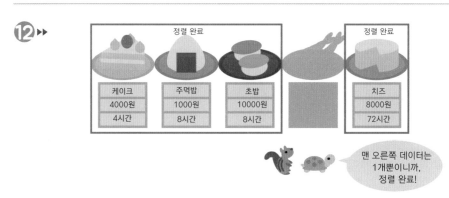

❻

기준값 이하
기준값
기준값 이상
케이크
4000원
4시간
주먹밥
1000원
8시간
초밥
10000원
8시간
새우튀김
7000원
12시간
치즈
8000원
72시간
데이터를 기준값 이상과 이하로 나눴어.
왼쪽에 있는 기준값 이하인 데이터부터 정렬하자.

❼

기준값
케이크
4000원
4시간
주먹밥
1000원
8시간
초밥
10000원
8시간
가운데에 있는 데이터 키를 기준값으로 할게.

❽

맨 앞
기준값
케이크
4000원
4시간
주먹밥
1000원
8시간
초밥
10000원
8시간
교환
기준값과 맨 앞의 데이터를 교환하자.

❾

기준값
주먹밥
1000원
8시간
케이크
4000원
4시간
초밥
10000원
8시간
키가 기준값보다 큰 데이터를 찾았어.
키가 기준값보다 작은 데이터를 찾았어.
거북이와 다람쥐가 같은 위치일 때에는 데이터를 교환하지 않아.

207

정렬 완료

케이크	주먹밥	초밥	새우튀김	치즈
4000원	1000원	10000원	7000원	8000원
4시간	8시간	8시간	12시간	72시간

정렬을 모두
끝냈어!

주먹밥과 초밥의
왼쪽 오른쪽 자리가
바뀌었어.

지금까지 살펴본 예시를 통해 퀵 정렬은
안정되지 않다는 것을 알았어.

퀵 정렬을 안정되게 실행하는 방법도 물론 제안되고 있지만, 이 책에서는 퀵 정렬의 기본만 알아 두기로 합시다.

알고리즘 문제 | 파이썬으로 안정된 정렬을 체험해 보자!

안정된 정렬에서는 키값이 같은
데이터이면 정렬하기 전의 순서가
그대로 유지돼.

컴퓨터에서 안정된 정렬을
체험해 보자.

실제로 정렬을 실행해 보면
더 잘 알 수 있을 거야.

파이썬을 사용해서 먼저 음식 이름을 가격순으로, 이어서 소비 기한 순서대로 정렬하겠습니다. 파이썬에서 사용하는 팀 정렬은 삽입 정렬과 병합 정렬을 결합한 형태로, 안정된 정렬 알고리즘입니다.

음식의 가격과 소비 기한

음식 이름	가격(원)	소비 기한(시간)
새우튀김	7000	12
주먹밥	1000	8
케이크	4000	4
초밥	10000	8
치즈	8000	72

파이썬을 실행하세요.

```
실행 화면                                                        ─ □ ×

Python 3.…
Type "help", "copyright", "credits" or "license" for more information.
>>>
```

 음식 이름, 가격, 소비 기한을 정리한 데이터를
입력해 보자.

다음 실행 화면처럼 입력하고 Enter를 누르세요. 1행이 길더라도 중간에 줄
바꿈을 하지 말고 이어서 입력하세요.

```
실행 화면                                                        ─ □ ×

>>> x = [['새우튀김', 7000, 12], ['주먹밥', 1000, 8], ['케이크', 4000, 4],
['초밥', 10000, 8], ['치즈', 8000, 72]]    ← 배열 작성(사용자 입력)
>>>                                        ← 프롬프트(인터프리터가 표시)
```

배열, 곧 파이썬의 리스트에 x라고 이름을 붙였습니다. 배열의 내용을 확인해
봅시다. x를 입력하고 Enter를 누르세요.

```
실행 화면                                                        ─ □ ×

>>> x                              ← 배열 이름(사용자가 입력)
[['새우튀김', 7000, 12], ['주먹밥', 1000, 8], ['케이크', 4000, 4], ['초밥',
10000, 8], ['치즈', 8000, 72]]    ← 배열 내용(인터프리터가 표시)
```

 먼저 비싼 순서로 정렬하자.

가격을 키로 하고 내림차순으로 정렬합니다. 다음 실행 화면처럼 입력하고
Enter를 누르세요.

```
>>> z = sorted(x, key=lambda y: y[1], reverse=True)  ← 정렬 실행(사용자가 입력)
>>>                                                   ← 프롬프트(인터프리터가 표시)
```

정렬 결과의 배열에는 z라는 이름을 붙였습니다. 배열 내용을 확인해 봅시다. z를 입력하고 Enter 를 누르세요.

```
>>> z                                       ← 배열 이름(사용자가 입력)
[['초밥', 10000, 8], ['치즈', 8000, 72], ['새우튀김', 7000, 12], ['케이크',
4000, 4], ['주먹밥', 1000, 8]]      ← 배열 내용(인터프리터가 표시)
```

 비싼 순서대로 정렬했어.

 다음은 소비 기한이 짧은 순서로 정렬해 보자.

소비 기한을 키로 하고 오름차순으로 정렬합니다. 다음 실행 화면처럼 입력하고 Enter 를 누르세요.

```
>>> sorted(z, key=lambda y: y[2])  ← 정렬 실행(사용자가 입력)
[['케이크', 4000, 4], ['초밥', 10000, 8], ['주먹밥', 1000, 8], ['새우튀김',
7000, 12], ['치즈', 8000, 72]]      ← 정렬 결과(인터프리터가 표시)
```

 원하는 대로 초밥과 주먹밥의 순서가 유지되었어.

 이것으로 파이썬이 안정된 정렬을 사용한다는 것을 잘 알 수 있어.

 레벨 업!

파이썬에서 사용하는 안정된 정렬 — 팀 정렬

팀 정렬Tim sort은 개발자인 팀 피터스Tim Peters의 이름에서 유래합니다. 팀 정렬의 시간 복잡도는 가장 빠를 때에는 삽입 정렬과 같은 $O(n)$이며, 가장 느릴 때에는 병합 정렬과 같은 $O(n \log n)$입니다.

03-13

고성능 정렬
— 병합 정렬

병합 정렬이란?

병합 정렬에서는 데이터 열을 2개로 나누는 작업을 반복한 후에 병합하는 작업을 반복하면서 데이터를 정렬합니다. 병합 정렬은 퀵 정렬에 비해 컴퓨터의 메모리를 많이 사용하는 알고리즘으로 부정적으로 소개되기도 하지만, 요즈음엔 그 유용성이 다시 검토되고 있습니다.

병합 정렬은 시간 복잡도가 일정하고 규모가 작으며 안정된 정렬 알고리즘이라고 할 수 있습니다. 파이썬에서 사용하는 팀 정렬도 병합 정렬을 개량한 정렬 알고리즘입니다.

 병합 정렬을 어떻게 사용하는지 살펴보자.

 정렬을 완료한 데이터 열 2개 중에서 1개 열에 정리해 볼게.

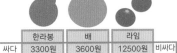

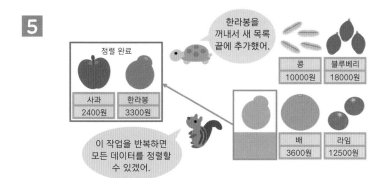

5

알고리즘 문제 | 정렬이 끝난 목록 2개를 1개로 정리하자!

 같은 방법으로 나머지 데이터를 정렬해 보자.

새 목록에 남은 데이터 4개를 바른 순서로 써넣으세요.

답안지

남은 데이터 4개를 바른 순서로 추가해 주세요.

손으로 직접 적어 보세요!

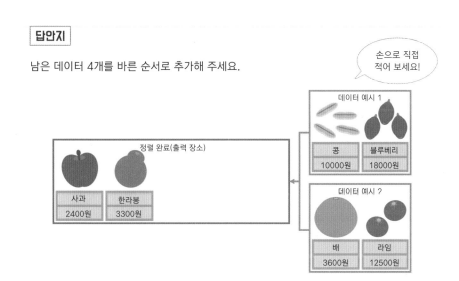

여기서 힌트! 데이터를 새 목록에 추가하고 싶다면 오래된 목록에서 삭제해야 해.

 삭제한 데이터에 ×를 붙이면 알기 쉽겠네.

 어느 쪽이든 데이터 열이 비어 있다면 남은 데이터 열의 맨 앞부터 데이터를 차례로 꺼내서 새 목록 끝에 추가하면 돼.

알고리즘
정답 | 풀이를 확인해 보자!

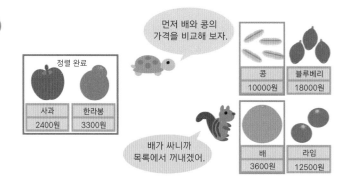

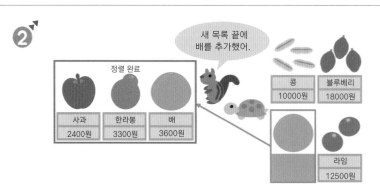

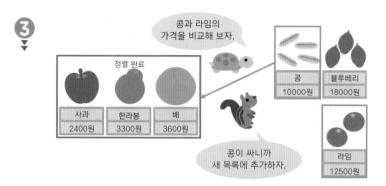

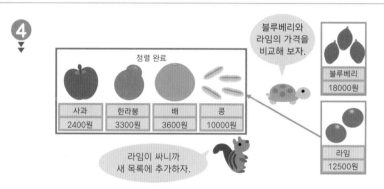

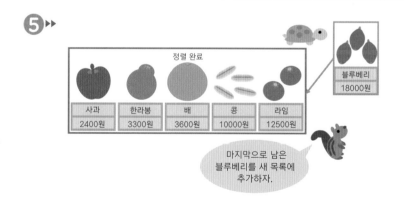

215

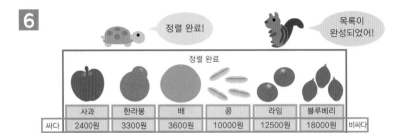

6

정렬 완료!

목록이 완성되었어!

정렬 완료					
사과	한라봉	배	콩	라임	블루베리
2400원	3300원	3600원	10000원	12500원	18000원

싸다

비싸다

이 책에서 설명한 순서와 다른 검색, 정렬 프로그램을 봤는데, 이런 일이 자주 있어?

예를 들어 검색 방향이 왼쪽과 오른쪽 서로 반대이기도 하고, 보초법을 사용하지 않기도 하고, 기준값을 선택하는 방법이 다르기도 하지.

응. 같은 알고리즘이어도 프로그램을 사용하는 방법이 다양하지. 이 책에서는 그중에 하나를 소개한 거야.

정렬 알고리즘이 같다면 시간 복잡도도 같다고 생각해도 돼. 프로그래밍 언어도 처리 속도가 빠르고 정렬이 순서대로 잘 진행되는 프로그램을 선택해서 사용하면 돼.

병합 정렬의 순서

병합 정렬의 순서 자세히 알아보기

병합 정렬의 순서에는 다음 3가지 규칙이 있습니다.

**병합 정렬
순서 규칙**

규칙 1: 데이터가 1개 남을 때까지 잘게 쪼갭니다.

규칙 2: 크기를 비교하면서 다시 합칩니다.

규칙 3: 더 이상 합칠 데이터가 없을 때까지 반복합니다.

정렬이 끝난 데이터로 병합 정렬을
사용할 수 있다는 것은 이제 알겠는데,
처음에 정렬이 끝난 데이터를
어떻게 준비하는지 궁금해.

이게 정렬이
끝난 데이터야.

?

아하! 데이터가 1개만 있으면 정렬이 끝났다고 보는 거구나.

 입력 데이터를 계속 나눠서 데이터가 1개만 남았을 때 병합 정렬을 사용할 수 있어.

 실제 데이터로 병합 정렬을 해보자.

 ❶

이 입력 데이터로 병합 정렬을 해보자.

---

 ❷

입력 데이터를 왼쪽과 오른쪽으로 나눠서 병합 정렬 담당자를 불러내자!

왼쪽 절반의 병합 정렬은 내게 맡겨.

오른쪽 절반의 병합 정렬은 내게 맡겨.

 순록이 담당자이니까 언제든 불러내면 일해야 하는 거지?

 뭐라고?

 담당자를 다 불러낼 때까지 나는 아무것도 하지 않을 거야.

 나는 나중에 일하니까 잘 지켜봐.

---

 ❸

데이터를 왼쪽과 오른쪽으로 나누고 병합 정렬 담당자를 불러내자!

데이터를 왼쪽과 오른쪽으로 나누고 병합 정렬 담당자를 불러내자!

병합 정렬이라면 내게 맡겨.

병합 정렬이라면 내게 맡겨.

병합 정렬이라면 내게 맡겨.

병합 정렬이라면 내게 맡겨.

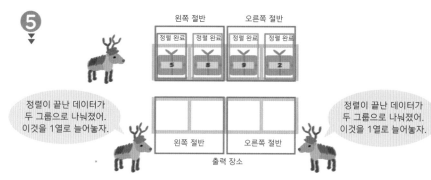

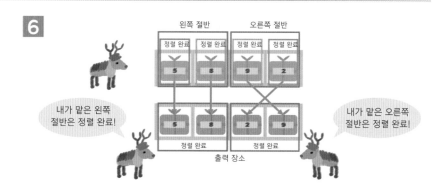

▶ 이 책에서 말하는 '출력 장소'란 정렬이 완료된 데이터를 임시 보관하는 곳을 말합니다.

앞 내용에 이어서 병합 정렬을 해주세요. 정렬이 모두 끝나면 결과를 출력 장
소에 써넣으세요.

답안지

정렬을 마친 후 결과를 빈칸에 써넣으세요.

손으로 직접
적어 보세요!

출력 장소

정렬이 끝난
데이터가 두 그룹으로
나뉘었어. 이것을
1열로 늘어놓자.

정렬 완료   정렬 완료

 정렬을 마친 목록 2개를 1개로 정리할 때와
같은 방법으로 하면 될 것 같아.

알고리즘
정답 | 풀이를 확인해 보자!

출력 장소

2와 5를
비교해서 작은 쪽
2를 출력해.

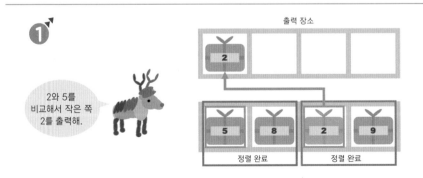

정렬 완료   정렬 완료

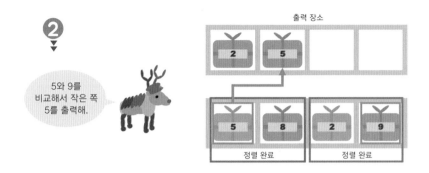

5와 9를 비교해서 작은 쪽 5를 출력해.

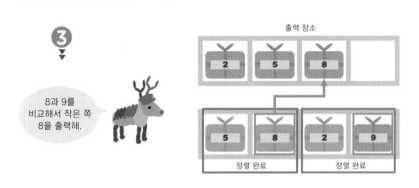

8과 9를 비교해서 작은 쪽 8을 출력해.

마지막으로 남은 9를 출력해.

이것으로 모든 데이터를 정렬했어.

 내가 나중에 일한다는 것이
바로 이거였어.

 그렇구나. 앞부분에서는 담당자를
불러내고 너는 뒷부분에서 데이터를
정리하는 일만 하는 거였네.

03-15

병합 정렬의 시간 복잡도

병합 정렬의 시간 복잡도 구하기

 데이터를 출력할 곳으로 이동하는 횟수를 세어서 병합 정렬의 시간 복잡도를 구해 보자.

 데이터를 이동할 때에는 데이터끼리 크기를 반드시 비교한다고 가정하고 간단히 계산해 보자. 실제 시간 복잡도는 그리 크지 않을 거야.

 데이터를 이동할 때 데이터끼리 크기를 비교할 때와 그렇지 않을 때가 있었지. 어떻게 처리할까?

 먼저 앞에서 정렬한 목록으로 데이터의 이동 횟수를 구해 보자.

알고리즘 문제 | 그룹별 데이터의 이동 횟수는?

다음 예시에서 데이터 출력 장소로 몇 회 이동했을까요? 횟수를 세어 봅시다.

 순록들이 증언한 것을 바탕으로 그룹별로 이동 횟수를 세어 보자.

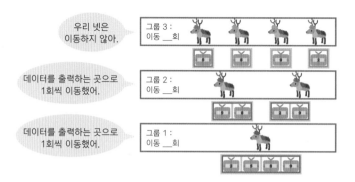

정답 │ 이동 횟수: 8회

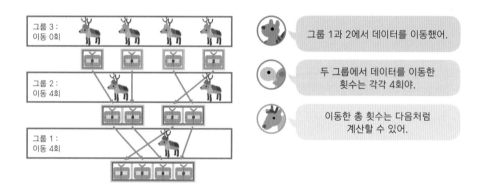

계산

> 이동한 총 횟수
> = 데이터를 이동한 그룹 수 × 각 그룹의 이동 횟수
> = 2 × 4
> = 8회

병합 정렬의 시간 복잡도 구하기

데이터가 n개일 때 각 그룹에서 데이터를 이동한 횟수를 구해 봅시다.

앞에서 본 예시에서는 각 그룹에서 데이터를 이동한 횟수 4회는 데이터 전체 개수인 4개와 똑같아.

 각 그룹에서 이동하는 데이터는 역시 n개가 되지.

 그렇다면 데이터가 n개일 때는 어떻게 될까?

 데이터가 n개일 때 각 그룹에서 데이터가 이동하는 횟수는 n회야.

이어서 데이터가 n개일 때 데이터를 이동할 그룹의 개수를 구해 봅시다.

 데이터가 이동한 그룹은 앞에서 본 예시에서는 2개였어.

 이진 검색과 퀵 정렬에서 사용한 log n을 여기에서도 사용할 수 있어?

 입력 데이터를 몇 회까지 절반으로 나눌 수 있는지로 그룹의 개수가 정해져.

 밑을 2로 하면 n개 데이터를 log n회의 절반으로 나누면 1개가 되지.

 데이터가 1개가 되면 나누는 작업을 멈추지.

 결국 데이터가 n개일 때 데이터를 이동하는 그룹의 수는 log n이라고 할 수 있어.

여기에서는 간단하게 log n에서 n이 정수일 때에만 생각합니다. 소수일 때에는 log n 이상이면서 가장 작은 정수 횟수만 절반으로 나누면 데이터는 1개 이하가 됩니다.

 앞에서 순록의 식을 사용해 데이터가 n개일 때 이동한 총 횟수를 구하면 되겠어.

계산

이동한 총 횟수
= 데이터를 이동한 그룹 수 × 각 그룹의 이동 횟수
- log n × n
= n log n

 됐다!

 병합 정렬의 시간 복잡도는 $O(n \log n)$이 되는구나.

 최악일 때와 최선일 때 모두 차이가 없어. 병합 정렬의 시간 복잡도는 항상 $O(n \log n)$이야.

병합 정렬의
공간 복잡도

병합 정렬의 공간 복잡도 구하기

'병합 정렬은 메모리를 잡아먹는다'고 부정적으로 알려져 있는데요. 진실은
무엇인지 알아봅시다.

병합 정렬이
메모리를 잡아먹는다
는 게 사실이야?

메모리가 얼마나
필요한지 공간 복잡도를
구해 보자.

병합 정렬을 할 때 어디에서
메모리를 사용하는 거야?

메모리는 다양하게 사용되는데…,
출력 장소에서 가장 많이 사용하지.

병합 정렬의 출력 장소

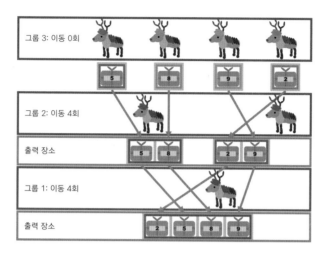

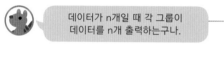

데이터가 n개일 때 각 그룹이 데이터를 n개 출력하는구나.

첫 번째 그룹은 출력 장소가 필요 없으니 n개 × (그룹 수 - 1)만큼 필요한 거 아니야?

실제로는 n개의 데이터를 둘 수 있는 출력 장소를 2개만 준비하면 돼. 다음과 같이 움직이거든!

출력 장소는 2개만 준비하면 됩니다.

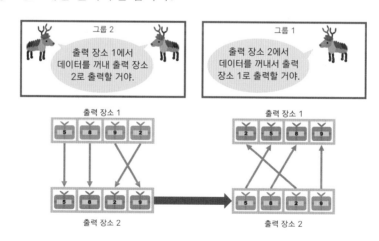

그렇구나! 그룹 2의 순록은 출력 장소 1에서 정렬할 데이터를 꺼내 출력 장소 2로 출력했어. 그룹 1의 순록은 반대로 출력 장소 2에서 정렬할 데이터를 꺼내 출력 장소 1로 출력하면 되겠네.

출력 장소 1과 2는 데이터를 꺼내서 출력하는 2가지 역할을 번갈아 했어.

그렇다면 이름 그대로 출력 장소가 되기도 하고, 앞으로 정렬할 데이터를 저장하는 장소가 되기도 하네.

데이터 n개 분량의 출력 장소를 2개, 즉 2n개 분량의 기억 영역을 사용한다면, 공간 복잡도는 다음처럼 구할 수 있어.

영역 시간 복잡도

2n

→ n   계수는 생략합니다

→ O(n)   O와 괄호는 붙입니다

병합 정렬의 영역별 시간 복잡도는 O(n)이 되는구나.

병합 정렬을 사용하는 곳

병합 정렬을 사용하려면 O(n)만큼의 기억 영역이 필요하다는 건 알았는데….

어떻게 하면 병합 정렬과 친해질 수 있을까?

특히 대용량 데이터가 아니면 컴퓨터의 메모리를 사용해서 병합 정렬을 실행하는 경우는 흔하지 않아.

일단 해보는 게 좋겠어.

만약 컴퓨터의 메모리가 충분하지 않은 경우에는 정렬을 시작할 때 알려 주도록 병합 정렬 프로그램을 작성할 수 있어.

정렬을 시작할 때 데이터 수를 알고 있다면 병합 정렬을 사용하는 기억 영역, 곧 메모리의 크기를 계산할 수 있습니다. 메모리를 필요한 만큼 확보할 수 없다면 실제로 정렬을 실행하기 전에 사용자에게 알릴 수 있습니다.

메모리가 부족하지 않으려면 어떤 대책을 세우는 게 좋을까?

먼저 포인터를 활용해서 메모리의 사용량을 줄이는 것을 추천해. 정렬하는 대상을 데이터 자체가 아니라 포인터로 만들면 병합 정렬 이외의 정렬 알고리즘에서도 프로그램 실행 시간을 줄일 수 있어.

포인터… 연결 리스트에서 사용한 화살표를 말하는 거야?

맞아. 지금까지는 정렬에 포인터를 사용하지 않고 설명했는데, 포인터를 활용한 정렬 예도 살펴보자. 우선 포인터를 사용하지 않고 정렬한 예부터 알아보자.

포인터를 사용하지 않고 데이터를 이동해서 정렬

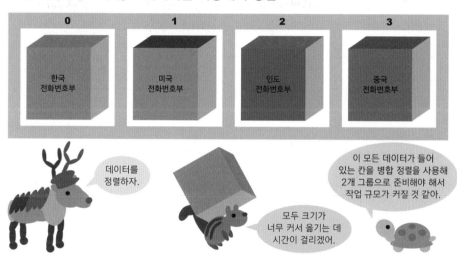

데이터를 정렬하자.

모두 크기가 너무 커서 옮기는 데 시간이 걸리겠어.

이 모든 데이터가 들어 있는 칸을 병합 정렬을 사용해 2개 그룹으로 준비해야 해서 작업 규모가 커질 것 같아.

대용량 데이터를 이동하는 작업은 시간이 많이 걸리겠네.

병합 정렬의 출력 장소를 준비할 때에도 크기가 크면 기억 영역을 많이 사용하지.

다음으로 포인터를 사용해서 성렬하는 예를 살펴보자.

데이터는 이동하지 않고 포인터를 이동해서 정렬

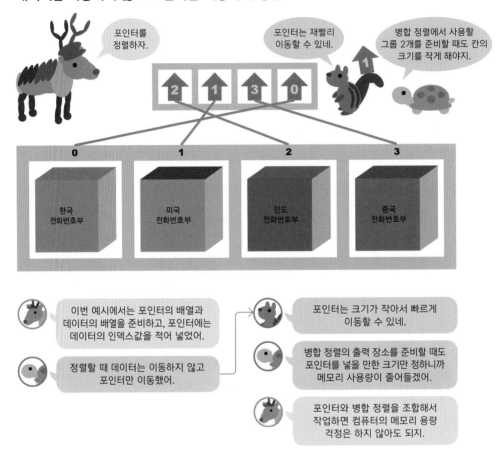

병합 정렬은 맨 앞에 있는 데이터부터 순서대로 읽을 수밖에 없는 기억 장치에도 쉽게 적용할 수 있다는 것이 장점입니다. 예전에는 '메모리를 지나치게 많이 소비한다'는 인상 때문에 병합 정렬을 멀리했지만, 요즈음에는 재평가받으면서 파이썬 같은 프로그램에서 활용하고 있습니다.

▶ 맨 앞에 있는 데이터부터 순서대로 읽는 것을 **순차 접근**, 또는 **시퀀셜 액세스**라고 합니다.

 맨 앞 데이터부터 순서대로 읽는 데이터
구조는 01-3절에서 다룬 큐를 참고해.

04

숨기자 — 암호와 보안

알고리즘으로 만든
암호를 나눠 줄게!

알고리즘을 사용해서 암호를 만들고 정보를 숨길 수 있습니다. 암호를 만드는 기본 방식부터 **공통 키 방식, 공개 키 방식** 등을 살펴보고 실제 암호화할 때 사용하는 **RSA 방식**까지 체험해 보겠습니다.

학습 목표

- 암호를 만드는 방식 알아보기
- 프로그래밍으로 암호화 체험하기

04-1

알려지지 않게 숨겨요
— 암호의 기초

어떻게 암호로 숨기지?

키^{key}와 조합해서 사용하는 암호 알고리즘은 만약 알고리즘이 알려지더라도 키를 모르면 암호가 풀리지 않도록 막을 수 있습니다.

 우리 서로 비밀로 연락하자.

 누구한테 비밀로 하는 거야?

 음, 그거다! 이 책을 읽는 분들에게 비밀로 해보자.

암호를 사용하기 전 메시지 — 평문

 먼저 일반 문장을 보내서 연습해 보자.

 보내온 내용 그대로 바로 읽을 수 있는 통신문을 평문이라고 해.

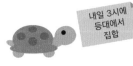 내일 3시에 등대에서 집합

그런데 절대 풀리지 않는 암호는
어떻게 만들까?

지금부터 시작해서 내일 3시까지
풀지 못한다면 암호로 충분하겠지?

아하, 맞다! 그렇게 암호를 만들면
모임이 끝난 후 해독해도 모임에
참가할 수 없겠네.

정보 처리 속도가 빠른 컴퓨터를 사용해서 암호를 해독한다고 해도 시간이 오래 걸린다면 그 암호는 안전하다고 할 수 있습니다. 암호를 해독하는 데 걸리는 시간을 계산량으로 평가하면 암호가 어느 정도 안전한지 확인할 수 있습니다.

비밀 알고리즘으로 숨긴 암호문

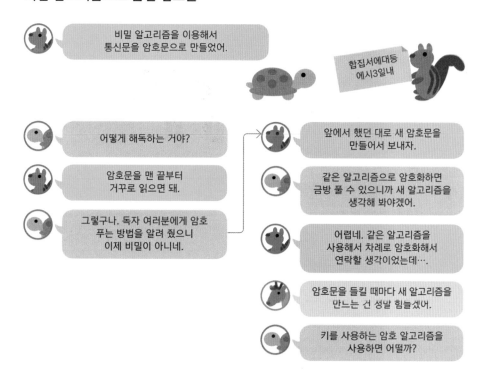

비밀 알고리즘을 이용해서
통신문을 암호문으로 만들었어.

합집서에대등
에시3일내

어떻게 해독하는 거야?

앞에서 했던 대로 새 암호문을
만들어서 보내자.

암호문을 맨 끝부터
거꾸로 읽으면 돼.

같은 알고리즘으로 암호화하면
금방 풀 수 있으니까 새 알고리즘을
생각해 봐야겠어.

그렇구나. 독자 여러분에게 암호
푸는 방법을 알려 줬으니
이제 비밀이 아니네.

어렵네. 같은 알고리즘을
사용해서 차례로 암호화해서
연락할 생각이었는데….

암호문을 들킬 때마다 새 알고리즘을
만느는 건 성말 힘들겠어.

키를 사용하는 암호 알고리즘을
사용하면 어떨까?

키를 사용한 암호 알고리즘

04-2

열쇠 넘기기
― 공통 키 방식

공통 키 방식이란?

공통 키 방식이란 키 1개로 암호문을 작성하고 해독도 하는 방식을 말합니다.

 04-3절에서 소개할 공개 키 방식을 이해할 수
있도록 먼저 공통 키 방식을 사용해 보자.

공통 키를 사용해서 암호화하기

평문

내일 3시에
등대에서 집합

암호문

키를 사용해서
평문을 암호문으로
만들자.

공통 키를 사용해서 암호문 해독하기(복호화)

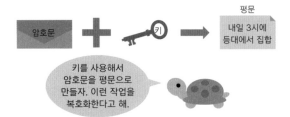

▶ 복호화(decryption)는 암호화(encryption)한 데이터를 암호화되기 전의 형태로 바꾸는 것을 말합니다.

치환 암호를 사용해서 암호화하기

치환 암호는 평문에 사용한 문자를 다른 문자로 바꿔서 암호문을 작성하는 방법입니다.

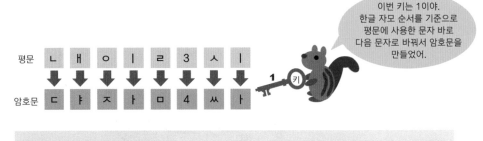

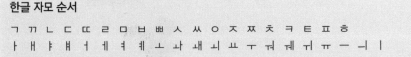

치환 암호를 사용해서 암호문 해독하기

암호문 ㄷ ㅑ ㅈ ㅏ ㅁ 4 ㅆ ㅏ

↓ ↓ ↓ ↓ ↓ ↓ ↓ ↓

평문 ㄴ ㅐ ㅇ ㅣ ㄹ 3 ㅅ ㅣ

> 이번 키는 1이야.
> 한글 자모 순서를 기준으로
> 암호문에 사용한 문자
> 바로 앞 문자로 바꿔서
> 평문으로 되돌렸어.

알고리즘
문제 │ 다람쥐가 암호화한 단어 해독하기

다음 암호문을 복호화해서 평문으로 바꾸세요. 앞에서 설명한 예와 같은 방법
으로 암호화했습니다.

> 'ㄸ ㅢ ㅈ ㄸ ㅑ'가 무슨 말인지 해독해 봐.

암호문

ㄸ ㅢ ㅈ ㄸ ㅑ

알고리즘
정답 │ 풀이를 확인해 보자!

평문

등대

> 새 키로 암호문을 만들었어.
> 자, 이거야! 'ㅇ ㅔ ㄱ ㅇ ㅘ'

> 키를 이것저것 닥치는 대로 골라서
> 그럴듯한 문장이 나올 때까지
> 반복하면 암호문을 풀 수 있겠지만,
> 그래도 키가 있어야 정확하고 빠르게
> 해독할 수 있겠지.

> 키 1은 이미 독자들에게 알려졌으니까
> 새 키로도 바꿔 보자.

여기에서는 암호화, 복호화 작업을 빠르고 정확하게 할 수 있는 간단한 암호를 소개했습니다. 암호와 복호를 복잡하게 조합해 암호를 만들면 암호화와 복호화 모두 복잡해져 사람 손으로 직접 실행하기 어렵습니다. 이럴 때는 컴퓨터에게 맡기는 게 좋습니다.

공통 키 방식은 동료에게 키를 어떻게 건네주느냐가 문제야.

동료에게 키를 알려 줄 때 다른 사람이 모르게 하는 게 중요하지.

정말! 어떻게 하면 독자들이 모르게 거북이와 순록에게 키를 전해 줄 수 있을까? 어려울 거 같아.

다른 사람이 침범할 수 있는 위험성 있는 네트워크를 경유해서 키를 보내면 안 되겠어.

그런데 바로 앞에서 다람쥐가 말한 암호문 'ㅇㅔㄱㅘ'를 복호화할 키를 알고 싶어.

키 8을 사용했어! 해독해 봐.

04-3

열쇠 같이 쓰기
ㅡ 공개 키 암호 방식

공개 키 방식이란?

공개 키 방식에서는 상대방에게 건네 주는 키(공개 키)와 아무에게도 알려 주지 않는 키(비밀 키)를 함께 사용합니다.

> 다람쥐! 너의 공개 키를 알려 줘라.

> 괜찮아. 우리끼리는 비밀 키를 또 비밀로 준비해 놓으면 돼.

> 독자들에게 보여 줘도 될까?

> 공개 키 방식의 구조를 살펴보자.

❶ ▸▸

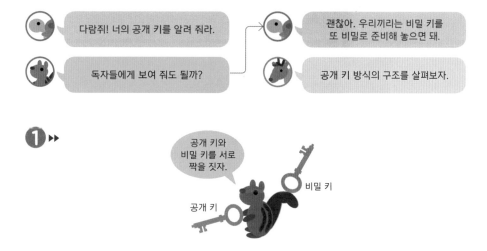

> 공개 키와 비밀 키를 서로 짝을 짓자.

비밀 키

공개 키

6

공개 키

나는 다람쥐의 비밀 키가
없어서 암호문을 복호화할 수 없어.
다람쥐의 공개 키로는
복호화할 수 없구나.

 공개 키는 누구나 사용할 수 있어서
편지를 편하게 주고받을 수 있어.

 공개 키 방식의 알고리즘으로는
RSA 암호가 유명해.

▶ RSA는 04-5절에서 자세히 설명합니다.

241

04-4

누구세요? 본인이세요?
— 인증

대상이 진짜인지 확인하는 인증

대상이 진짜인지 아닌지 확인하는 것을 인증이라고 합니다. 암호 알고리즘을 사용해서 상대방이 본인인지 아닌지 확인할 수 있습니다. 다음 예시에서 인증이 필요한 상황을 알아봅시다.

인증이 필요한 경우

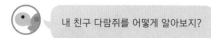 내 친구 다람쥐를 어떻게 알아보지?

 평소 자주 만나는 친구 다람쥐라면 지난번에 준 공개 키 1을 가지고 있을 거야. 평문을 암호화하면 알아볼 수 있겠지.

공통 키 방식을 사용한 인증

다음에서 공통 키 방식을 사용해서 인증하는 순서를 알아봅시다.

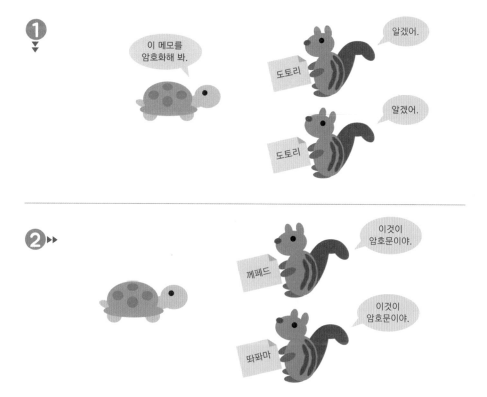

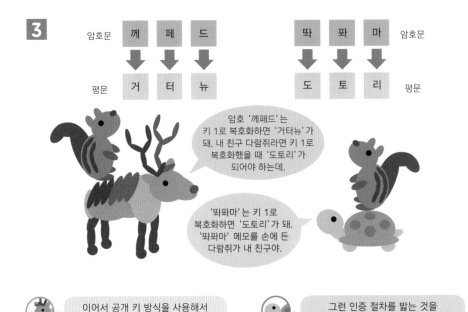

공개 키와 비밀 키는 서로 암호화, 복호화할 수 있다!

공개 키 방식을 사용해서 인증하는 순서를 알아보겠습니다. 공개 키 방식에서 공개 키로 암호화한 암호문을 비밀 키로 복호화할 수 있듯이 비밀 키로 암호화한 암호문을 공개 키로 복호화할 수 있습니다.

공개 키 방식을 사용한 인증(디지털 서명)

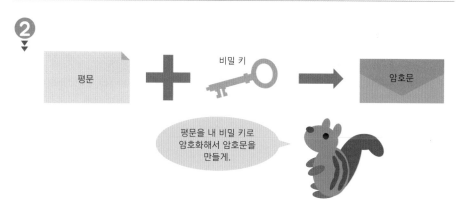

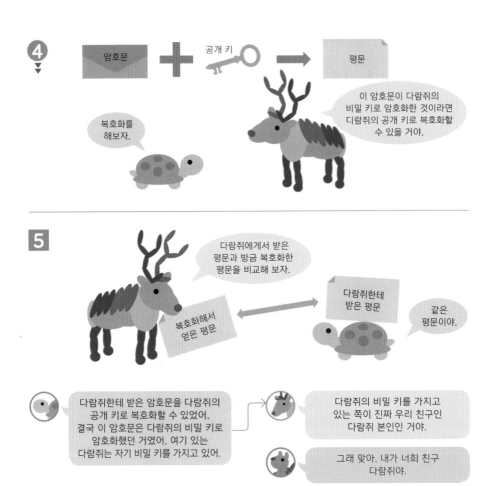

암호화하는 데 걸리는 시간을 줄이려고 평문 대신 평문의 해시값을 암호화하기도 합니다. 해시값은 2장에서 검색할 때 사용한다고 배웠습니다.

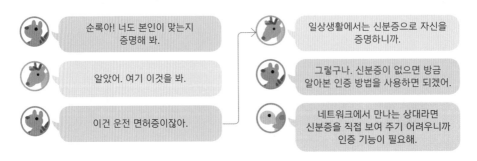

04-5

도전! 프로그래밍
― 컴퓨터의 RSA 암호 체험하기

컴퓨터의 공개 키 방식 ― RSA 암호

컴퓨터에서 공개 키 방식인 RSA 암호를 체험해 봅시다.

공개 키 방식을 실제로 사용해
본다면 실감 나서 재미있겠어.

간단히 예로 RSA 암호를
체험해 보자.

RSA란 1977년 로널드 라이베스트[Ronald Rivest], 아디 샤미르[Adi Shamir], 레너드 애들먼[Leonard Adleman]이 공동 개발한 공개 키 암호화 방식의 알고리즘입니다. RSA는 이 세 사람의 성에서 머리글자를 따서 조합한 것입니다.

247

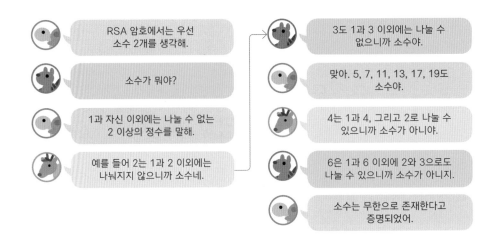

소수가 무한으로 존재한다는 것은 기원전 그리스 3세기경 수학자인 유클리드가 증명했습니다.

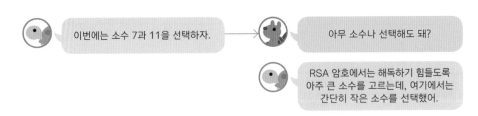

거북이가 고른 소수 2개를 각각 p와 q라고 하겠습니다. 곧, p = 7, q = 11입니다.

p와 q를 곱한 결과를 n이라고 합니다. 여기에서 n = 77입니다. n은 나중에 공개 키의 일부로 사용합니다.

다음으로 소수 2개에서 각각 1을 뺀 뒤 두 수를 서로 곱해 봐.

 7 - 1 = 6, 11 - 1 = 10이지.

 이제 6과 10을 곱하면 60이네.

여기에서 계산한 (p-1)(q-1)을 그리스 문자인 Ø(파이)를 사용해서 Ø(n)이라고 씁니다. Ø는 파이라고 읽습니다. 앞에서 계산한 결과인 n = 77에서 Ø(n) = 60입니다.

레벨 업!

Ø(n)이란?

Ø(n)은 '오일러 파이 함수^{Euler's phi function}'라고 합니다. 양의 정수 n에 n과 서로소 관계인 1 이상 n 이하인 정수의 개수를 나타냅니다. 서로소란 1 이외에 공약수를 갖지 않는 둘 이상의 양의 정수를 말합니다.

▶ 레온하르트 오일러(Leonhard Euler)는 18세기 스위스의 수학자입니다.

 다음으로 1 이상 60 미만이고 60과 서로소인 정수를 선택하자. 서로소라는 것은 선택한 정수와 60의 공약수가 1밖에 없다는 말이야.

 예를 들어 13은 어때?

 13과 60의 공약수는 1밖에 없네.

 13을 사용하자.

여기에서 선택한 정수를 e라고 합니다. 이번에는 e = 13입니다. e는 나중에 공개 키의 일부로 사용합니다.

그다음이 조금 어려운데, 어떤 정수에 13을 곱해서 60으로 나누면 나머지가 1이 되는 정수를 선택하고 싶어.

정수에 13을 곱해서 60으로 나눠 보면 알 수 있지 않을까?

맞아. 이번에는 간단하게 37을 사용하자.

13 × 37=481이고 481을 60으로 나누면 나머지는 1이야.

여기에서 선택한 정수를 d라고 합니다. 이번에는 d = 37입니다. d는 나중에 비밀 키로 사용합니다. '확장된 유클리드 호제법'을 사용하면 애쓰지 않고도 계산만으로 정수 d를 찾을 수 있습니다. 유클리드 호제법은 최대 공약수를 구하는 방법으로 잘 알려졌습니다.

1단계: 암호화하기

자, 이제 공개 키 방식을 사용해 보자. 지금까지 구한 77과 13을 공개 키로 하고 37을 비밀 키로 하는 거야.

좋아. 공개 키 77과 13을 받자.

나는 비밀 키 37도, 공개 키 77과 13도 가지고 있어.

공개 키와 비밀 키는 함께 작성하므로 비밀 키를 가지고 있는 사람은 공개 키도 가지고 있습니다. 여기서는 설명해야 해서 비밀 키를 밝혔지만 비밀 키는 절대 다른 사람에게 알려 줘서는 안 됩니다.

순록에게 평문을 골라서 건네 주자. 0 이상 77 미만, 즉 0부터 76까지의 정수에서 1개를 선택해.

0부터 76 사이의 정수를 암호화하라는 거야?

맞아. 컴퓨터에서 문장은 정수의 묶음으로 변환해 암호화할 수 있어.

그렇다면 이번에는 42를 평문으로 만들자.

사십이… 사이… 친구 사이!

이처럼 단어의 음을 맞춰서 뜻이 같지 않은 다른 말을 만드는 언어 유희를 사용해서 문장을 정수로 변환하는 방법은 한계가 있습니다. 그러나 컴퓨터에서는 문자를 문자 코드인 정수로 나타내므로 이 문자 코드를 사용하면 문장을 정수 묶음으로 바꿀 수 있습니다.

 평문을 암호화하려면 공개 키 77과 13을 사용해. '평문 42를 13번 곱해서 77로 나눈 나머지'를 구해 봐. 이것이 암호문이 될 거야.

 42를 13번 곱한다…, 컴퓨터를 사용해 보자.

파이썬을 사용하세요.

```
실행 화면                                                    — ☐ ✕

Python 3.…
Type "help", "copyright", "credits" or "license" for more information.
>>>
```

 반복해서 곱하는 작업은 **를, 나머지는 %를 사용해서 구하면 돼.

 42를 13번 곱한 다음에 77로 나눈 나머지를 구할 거야.

42**13%77를 입력하고 Enter 를 누르세요

실행 화면   — ☐ ✕

```
Python 3.…
Type "help", "copyright", "credits" or "license" for more information.
>>> 42**13%77      ← 암호화(사용자가 입력)
21                 ← 암호문(인터프리터가 표시)
>>>                ← 프롬프트(인터프리터가 표시)
```

 결과는 21이야.

 평문 42를 암호화해서 암호문 21을 얻었어.

 다람쥐에게 암호화한 메시지를 전달할게. 다람쥐야! 암호문은 21이야!

 암호문 21을 아무리 봐도 평문 42라는 것을 전혀 짐작하지 못하겠어.

2단계: 복호화하기

 순록이 만든 암호문 21을 복호화하자. 비밀 키 37과 공개 키 일부인 77을 사용할게.

 나는 비밀 키와 공개 키 모두 가지고 있으니까 문제없어.

건네받은 암호문을 해독하자.

비밀 키
37

공개 키
77 13

비밀 키 37과 공개 키 77을 사용하자.

암호문
21

 암호문을 37번 곱해서 77로 나눈 나머지를 구해 봐. 이렇게 하면 평문으로 돌아가지.

 암호문은 21이야.

252

21**37%77을 입력하고 (Enter)를 누르세요.

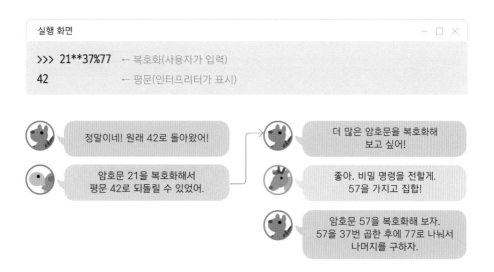

57**37%77을 입력하고 (Enter)를 누르세요.

순록이 29를 암호화할 때에는 29**13%77을 계산했습니다. 결과는 앞처럼 57입니다.

```
실행 화면                                              — □ ×

>>> 29**13%77   ← 암호화(사용자가 입력)
57              ← 암호문(인터프리터가 표시)
```

3단계: 인증하기

 인증할 때 비밀 키로 암호화한 암호문을 공개 키로 복호화했어. 실제로 해보고 싶어.

 그래, 해보자. 이번에는 다람쥐가 0부터 76까지 정수에서 하나를 골라서 비밀 키 37과 공개 키 77로 암호화해 봐. 그리고 평문과 암호문을 순록에게 전해 줘.

 알았어. 평문은 15로 하자. 15… 십오… 일오… 이리로!

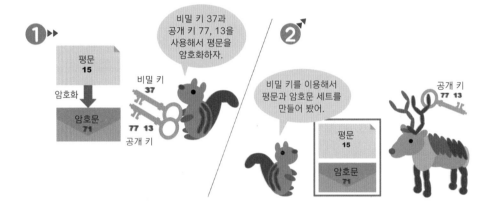

비밀 키 37과 공개 키 77, 13을 사용해서 평문을 암호화하자.

평문
15

비밀 키
37

암호화

암호문
71

77 13
공개 키

비밀 키를 이용해서 평문과 암호문 세트를 만들어 봤어.

공개 키
77 13

평문
15

암호문
71

 평문은 15, 암호문은 71이야.

 공개 키를 사용해서 암호문을 복호화해 보자. 71를 13번 곱한 다음에 77로 나눈 나머지를 구하면 돼.

71**13%77을 입력하고 Enter 를 누르세요.

실행 화면   − ☐ ✕

>>> 71**13%77   ← 복호화(사용자가 입력)

15   ← 평문(인터프리터가 표시)

 복호화해서 얻은 15와 다람쥐한테 받은 평문 15가 같네.

 이 암호문을 만든 다람쥐가 비밀 키를 가지고 있다는 것을 알았어. 이로써 다람쥐를 본인으로 보는 것이지. 다람쥐 본인이 인증되었어.

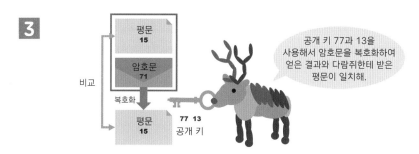

다람쥐가 15를 암호화했을 때에는 15**13%77을 계산했습니다. 결과는 앞처럼 71입니다.

실행 화면   — □ ✕

>>> 15**37%77 ← 암호화(사용자가 입력)
71   ← 암호문(인터프리터가 표시)

RSA 암호의 안전성

 공개 키 방식을 사용한 암호화와 복호화, 그리고 인증을 대략 체험해 봤어. 처음에 살펴본 소수 7과 11은 아무도 알지 못하도록 조용히 버려 둬.

 어째서 그렇게 해야 해?

 소수 7과 11, 그리고 공개 키 77과 13이 있으면 지금까지 살펴본 순서를 따라 비밀 키 37을 계산할 수 있기 때문이야.

 7과 11을 곱한 77을 공개 키로 공개하면 7과 11이 알려질 수밖에 없잖아.

 7 × 11 = 77이라는 것이 알려지니까 그렇지.

 이런 점에서 큰 소수를 사용하면 안전하다고 하는 거야. 소수와 소수 곱셈은 간단하지만 곱셈의 결괏값이 클 때 이 값을 원래의 소수 2개로 분리하려면 정말 힘들거든.

양의 정수를 소수의 곱으로 나타내는 것을 소인수분해라고 합니다. 큰 정수를 소인수분해하는 것은 쉽지 않으므로 RSA 암호에서는 매우 큰 정수를 사용함으로써 원래의 소수 2개가 알려지지 않도록 합니다.

'RSA 암호는 값이 클 때 소인수분해를 하기 어렵다는 것을 이용한다'고 들었는데, 이제 왜 그런지 알겠어.

05

생각하자 — 인공지능(AI)

컴퓨터가 사람처럼
생각할 수 있도록
해보자.

지금까지 배운 모든 알고리즘은 결국 어떤 '사고'를 하기 위해 만든 결과물입니다. 궁극적으로는 컴퓨터를 사용해 인간의 지능에 가까워질 수 있도록 시도하는 거죠. 개념만 대략 짚어 볼 것이므로 가볍게 읽어 보세요.

학습 목표

• 뉴럴 네트워크, 딥러닝, 클러스터링 개념 이해하기

05-1

신경세포처럼
딥러닝해요

딥러닝이란?

생물의 신경세포를 컴퓨터에서 표현하고 조합한 것을 **뉴럴 네트워크**, 즉 신경
망이라고 합니다. 계층이 쌓여 있는 뉴럴 네트워크로 기계학습하는 것을 **딥러
닝**, 곧 심층학습이라고 합니다.

 딥러닝을 응용한 예시를 살펴보자.

손으로 쓴 숫자 인식하기

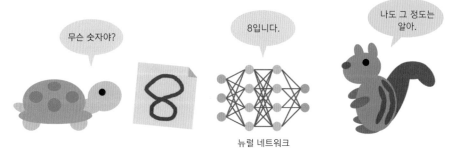

뉴럴 네트워크

사람의 얼굴 인식하기

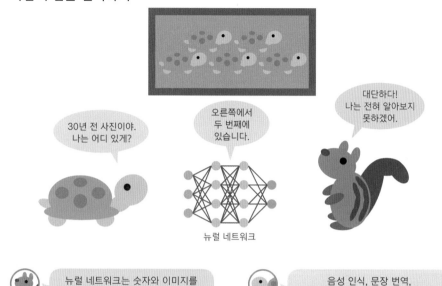

뉴럴 네트워크의 구조

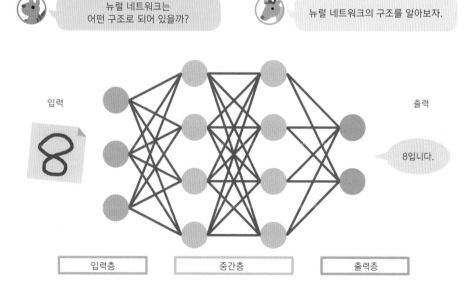

정보 신호가 마치 선을 따라 입력층에서 출력층으로 흐르는 것 같아. 이 뉴럴 네트워크에는 입력층과 출력층 사이에 2층짜리 중간층이 있어.

 중간층이 2층 이상일 때 딥 뉴럴 네트워크라고 해.

레벨 업!

일상에서 인공지능을 구현하는 서비스

인공지능이란 인간의 두뇌가 작동하는 방식을 연구하는 분야입니다. 인공지능에서는 인간의 두뇌처럼 작업을 처리하는 시스템을 제작하려고 시도합니다. 공상과학 작품에서는 인간처럼 행동하는 로봇과 컴퓨터가 자주 등장하는데, 이들은 인공지능의 이미지를 반영한 결과입니다.

요즘 인공지능 게임이 다양한 관심을 받고 여러 분야에서 '인공지능'이라는 말을 사용하면서 반대로 이미지를 정확하게 파악하기 어려워지는 것 같습니다. 현재 인공지능의 대상에는 '인간이 이렇게까지 복잡하게 생각하지는 않는 것 같다'고 짐작하게 하는 고도로 발달한 것부터 '이렇게 단순한 것도 인공지능인가!' 하고 놀라는 것까지 다양합니다.

인간이 할 수 있는 일을 컴퓨터가 하는 것이 '당연한' 걸까요? 인간이 할 수 있는 일을 컴퓨터가 구현하는 서비스도 있습니다. 예를 들어 유료 주차장에서 나가는 차량의 번호를 컴퓨터가 인식해서 요금을 지불하도록 요구하고 자동으로 차단기를 열어 주는 서비스가 등장했습니다.

같은 서비스를 인간이 직접 한다면 인건비 문제부터 차량 번호를 잘못 알아보는 문제 등이 발생해서 이용자를 불편하게 할 것입니다. 이 주차장 서비스는 컴퓨터가 숫자를 쉽게 인식할 수 있는 시스템이 구축되면서 널리 보급되었습니다.

 뉴럴 네트워크에서 선과 연결된 둥근 원은 뭐야? 생물의 뉴런(신경세포)을 컴퓨터에서 나타낸 것이야. 이것을 인공 뉴런이라고 해. 또는 노드node라고도 하지.

 뉴런이 어떻게 생겼는지 보자.

뉴런의 구조

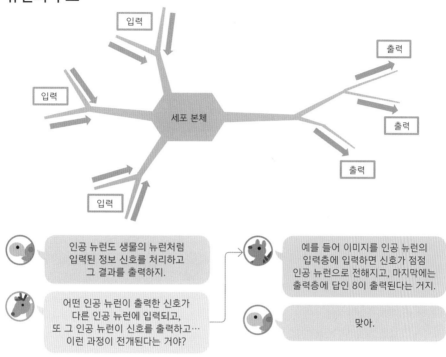

> 인공 뉴런도 생물의 뉴런처럼 입력된 정보 신호를 처리하고 그 결과를 출력하지.

> 어떤 인공 뉴런이 출력한 신호가 다른 인공 뉴런에 입력되고, 또 그 인공 뉴런이 신호를 출력하고… 이런 과정이 전개된다는 거야?

> 예를 들어 이미지를 인공 뉴런의 입력층에 입력하면 신호가 점점 인공 뉴런으로 전해지고, 마지막에는 출력층에 답인 8이 출력된다는 거지.

> 맞아.

데이터로 훈련하는 기계학습

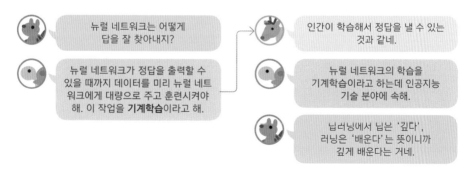

> 뉴럴 네트워크는 어떻게 답을 잘 찾아내지?

> 뉴럴 네트워크가 정답을 출력할 수 있을 때까지 데이터를 미리 뉴럴 네트워크에게 대량으로 주고 훈련시켜야 해. 이 작업을 **기계학습**이라고 해.

> 인간이 학습해서 정답을 낼 수 있는 것과 같네.

> 뉴럴 네트워크의 학습을 기계학습이라고 하는데 인공지능 기술 분야에 속해.

> 딥러닝에서 딥은 '깊다', 러닝은 '배운다'는 뜻이니까 깊게 배운다는 거네.

계층이 깊은 뉴럴 네트워크,
곧 딥 뉴럴 네트워크를 학습하는 것을
딥러닝이라고 해.

 딥러닝을 활용하면 고해상도 이미지
와 고품질 음성을 인식할 수 있을 뿐
아니라 번역도 정확해질 것이고,
장기와 바둑에서 아주 강력한 AI를
만들 수도 있겠지.

기계학습은 뉴럴 네트워크와 반드시 결합하지 않을 수도 있고 뉴럴 네트워크
를 사용하지 않을 수도 있습니다. 이미지와 음성 인식, 번역, 장기와 바둑 AI
등에서 뉴럴 네트워크를 사용해서 실현할 수도 있지만 다른 방법을 사용하는
경우도 있습니다.

뉴럴 네트워크의 학습 방법

 뉴럴 네트워크를 사용하려면
고성능 컴퓨터가 필요해?

 뉴럴 네트워크가 판단을 내리는 데
걸리는 시간은 그다지 큰 문제가 되지
않아. 학습이 끝난 뉴럴 네트워크를
이용하는 것뿐이라면 고성능 컴퓨터가
아니어도 돼.

 일반 컴퓨터나 스마트폰에서도 이용
할 수 있겠네.

 하지만 학습하려면 시간과 노력이
많이 필요하지. 뉴럴 네트워크를 통해
결과물을 얻으려면 뉴럴 네트워크가
정답을 낼 수 있도록 많은 양의
데이터로 훈련시켜야 하지.

 예를 들어 손글씨로 쓴 숫자를
인식시킬 때 MNIST(엠니스트)라는
데이터 세트에는 손글씨로 쓴 숫자
이미지가 70,000컷 들어 있어.

 그저 숫자 이미지일 뿐인데 그렇게
나 많이 준비해야 하다니!

MNIST에는 0부터 9까지 손글씨로 쓴 숫자 그림이 7,000컷씩 10세트, 곧
7,000 × 10 = 70,000컷 들어 있습니다. 이미지 크기는 28 × 28픽셀이며 색
상은 흑백 명암의 그레이 스케일입니다.

뉴럴 네트워크의 학습 시간

학습 시간은 얼마나 걸려?

뉴럴 네트워크의 복잡함, 학습할 때
사용하는 데이터의 양,
컴퓨터의 성능 등에 따라 달라져.

PC를 사용해서 MNIST 학습을
했다면 단순한 뉴럴 네트워크는
몇 분, 복잡한 뉴럴 네트워크는
1시간 넘게 걸렸어.

1시간 내내 컴퓨터가 작동했는데도
답을 얻지 못한 거야?

학습이 어떻게 이뤄지는지는
알 수 있는데 결과가 나올 때까지
컴퓨터는 계속 움직여.

그래도 MNIST 학습은 간단한 편이
야. 더 어려운 문제이면 일반 컴퓨터에
서는 시간이 정말 많이 걸릴 수 있어.

컴퓨터의 그래픽 기능을 담당하는 GPU라는 장치를 사용하면 뉴럴 네트워크
학습 속도가 빨라집니다. 학습은 수치 연산을 중심으로 이뤄지는데, GPU가
수치 연산을 아주 잘하기 때문입니다.

05-2

도전!
인공 뉴런처럼 계산해 보기

뉴럴 네트워크의 내부 계산 이해하기

 뉴럴 네트워크의 내부에서 인공 뉴런이 하는 계산을 실제로 해보자.

 다음 뉴럴 네트워크에서 어떤 신호가 출력되는지 계산해 보자.

뉴럴 네트워크에서 계산하는 방법 (1)

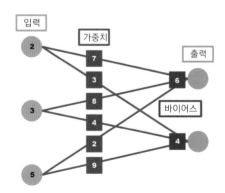

입력층에는 인공 뉴런이 3개 있어.
값은 각각 2, 3, 5야.

 출력층에는 인공 뉴런이 2개 있어.
이 값을 계산할게.

 '가중치'와 '바이어스'가 뭐야?

 뉴럴 네트워크를 조절하는 값이야.
뉴럴 네트워크가 정답을 출력할 수
있도록 학습을 통해 가중치와
바이어스를 조절하는 거야.
여기에서는 간단히 계산할 수 있도록
가중치와 바이어스에 단순한 값을
설정했어.

▶ **가중치**^{weight}는 뉴런 사이의 연결 강도를 말하며, 신경망이 강화될 때 함께 강화됩니다.
바이어스^{bias}는 뉴런의 가중치를 말합니다. 뉴런은 많은 가중치와 바이어스값으로 이루어지며 학습을 통해 가중치와 바이어스값을 조절하고 정답을 출력합니다. 뉴런이 학습할수록 가중치가 강화되고 바이어스값도 커집니다.

뉴럴 네트워크에서 계산하는 방법 (2)

 가중치와 바이어스를 사용해서
입력에서 어떻게 출력을 계산하는지
살펴보자.

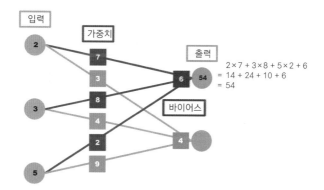

$$2 \times 7 + 3 \times 8 + 5 \times 2 + 6$$
$$= 14 + 24 + 10 + 6$$
$$= 54$$

 출력층에 있는 인공 뉴런 2개
가운데 한 곳의 출력을 계산해 봤어.

 어떻게 계산하는 거야?

 입력층 맨 위에 있는 인공 뉴런을
잘 봐. 이 인공 뉴런의 값 2와 출력층의
인공 뉴런 사이에 있는 가중치 7을
곱해서 2 × 7 = 14, 이렇게 계산해.

 다음으로 입력층 가운데에 있는
인공 뉴런의 값 3과 가중치 8을
곱해서 3 × 8 = 24가 되는 거네.

마지막으로 입력층 맨 아래에 있는
인공 뉴런의 값 5와 가중치 2를
곱하니까 2 × 5 = 10이네.

 그래, 맞아. 그리고 지금까지 계산한
값 3개와 바이어스 6을 모두 더해.

 14 + 24 + 10 + 6 = 54야.
출력을 계산했어!

 입력에 가중치를 곱한 다음
바이어스를 더하는 거네.

 바로 그거야. 출력층의 아래쪽에
있는 인공 뉴런도 같은 방법으로
출력을 계산해서 다음 답안지 그림의
동그라미 빈칸에 답을 적어 보자.

답안지

오른쪽 아래의 출력을 계산해서 동그라미 빈칸에 써넣으세요.

손으로 직접
적어 보세요!

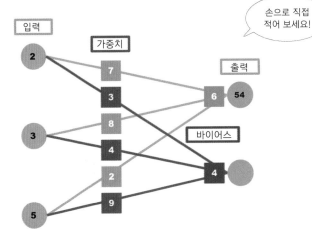

알고리즘
정답 │ 풀이를 확인해 보자!

계산
2 × 3 + 3 × 4 + 5 × 9 + 4
= 6 + 12 + 45 + 4
= 67

 출력은 67이야.

 뉴럴 네트워크여서 어려울 것 같았
는데 내부 계산은 곱셈과 덧셈뿐이어
서 의외로 단순했을지도 모르겠네.

 실제 뉴럴 네트워크에서는 출력한
값에 활성화 함수를 적용하지만,
여기에서는 기본 계산 과정만
설명한 거야.

266

05-3

비슷한 무리를 모아요
─ 클러스터링

클러스터링이란?

많은 데이터를 비슷한 무리, 곧 클러스터로 나누는 작업을 **클러스터링**이라고
합니다.

 클러스터링을 응용하면 어떤 일을
할 수 있는지 알아보자.

클러스터링을 응용해서 책을 추천해 봅시다.

❶ ▸▸

그렇다면 이 책도
맘에 들 거야.

정말?
재미있네.

내가 좋아할 만한 책을
어떻게 알았어?

모아 두었던 도서 구매 내역
데이터를 클러스터링했지.

클러스터링 방식을 간단히 살펴보겠습니다.

누가 무슨 책을
구매했는지 내역을
모았어.

너구리
-브레멘 음악대
-장화 신은 고양이
-백설공주
-늑대와 일곱 마리
  아기 양

호랑이
-잠자는 숲 속의 공주
-잭과 콩나무
-헨젤과 그레텔
-백설공주

토끼
-장화 신은 고양이
-늑대와 일곱 마리
  아기 양
-잭과 콩나무
-브레멘 음악대

곰
-헨젤과 그레텔
-장화 신은 고양이
-백설공주
-잠자는 숲 속의 공주

책을 비슷하게
선택한 친구들로
묶었어.

클러스터 1

너구리
-브레멘 음악대
-장화 신은 고양이
-백설공주
-늑대와 일곱 마리
  아기 양

토끼
-장화 신은 고양이
-늑대와 일곱 마리
  아기 양
-잭과 콩나무
-브레멘 음악대

클러스터 2

호랑이
-잠자는 숲 속의 공주
-잭과 콩나무
-헨젤과 그레텔
-백설공주

곰
-헨젤과 그레텔
-장화 신은 고양이
-백설공주
-잠자는 숲 속의 공주

여기까지가 클러스터링이야. 클러스터링 결과는
사용하는 알고리즘에 따라 달라질 수 있어.

268

클러스터링에서 자주 사용하는 알고리즘으로 k-평균법이 있습니다. k-평균법에서는 처음에 데이터를 무작위로 (적당히) 클러스터로 나눈 다음에 각 데이터가 소속될 군집의 내부에서 변화가 거의 없을 때까지 반복해서 찾습니다.

▶ k-평균법은 k-means라고도 하고 케이민스라고 읽습니다.

 다음으로 클러스터링 결과를 어떻게 사용하는지 살펴보자.

 다람쥐에게 추천할 책을 찾을 수 있을 것 같아.

클러스터링 결과를 응용해서 다람쥐에게 책을 추천해 봅시다.

1 다람쥐가 산 책 데이터도 만들었어.

다람쥐는 어느 클러스터에 넣을까?

다람쥐
-브레멘 음악대
-늑대와 일곱 마리 아기 양

클러스터 1

너구리
-브레멘 음악대
-장화 신은 고양이
-백설공주
-늑대와 일곱 마리 아기 양

토끼
-장화 신은 고양이
-늑대와 일곱 마리 아기 양
-잭과 콩나무
-브레멘 음악대

클러스터 2

호랑이
-잠자는 숲 속의 공주
-잭과 콩나무
-헨젤과 그레텔
-백설공주

곰
-헨젤과 그레텔
-장화 신은 고양이
-백설공주
-잠자는 숲 속의 공주

2 다람쥐는 클러스터 1이네.

클러스터링 완료!

클러스터 1에 속한 친구들이 구매한 책을 다람쥐에게도 추천해 주자.

클러스터 1

너구리
-브레멘 음악대
-장화 신은 고양이
-백설공주
-늑대와 일곱 마리 아기 양

토끼
-장화 신은 고양이
-늑대와 일곱 마리 아기 양
-잭과 콩나무
-브레멘 음악대

다람쥐
-브레멘 음악대
-늑대와 일곱 마리 아기 양

클러스터 2

호랑이
-잠자는 숲 속의 공주
-잭과 콩나무
-헨젤과 그레텔
-백설공주

곰
-헨젤과 그레텔
-장화 신은 고양이
-백설공주
-잠자는 숲 속의 공주

 클러스터링을 잘 이용하면 우리 생활이 아주 편리하겠어.

부록 1

파이썬 설치하고 실행하기

이 책은 윈도우 운영체제를 기본으로 사용합니다.

윈도우에서 파이썬 설치하기

1. 인터넷 브라우저에서 파이썬 공식 홈페이지의 다운로드 페이지(https://www.python.org/downloads/)에 접속하세요. 노란색 다운로드 버튼을 클릭하세요.

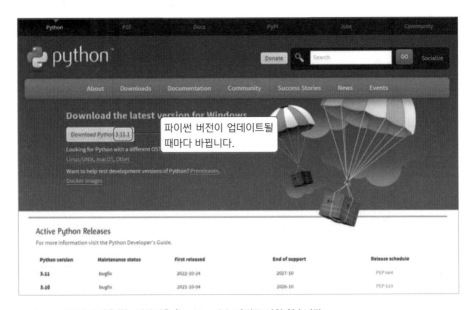

> ▶ macOS에서 사용하는 파이썬은 'for Mac OS X'라고 나와 있습니다.

2. 내려받은 파일은 [내 PC → 다운로드] 폴더에
저장됩니다. 이 파일을 더블클릭합니다.

 python-3.11.1-amd64

> ▶ macOS라면 파인더(Finder)의 [다운로드] 폴더에 실행 파일이 있습니다.

3. 화면 아래쪽에서 [Add python.exe to PATH]를 선택한 뒤 [Install Now]를 클릭
합니다.

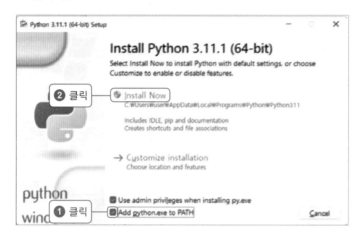

4. '이 앱이 디바이스를 변경할 수 있도록 허용하시겠어요?'라는 대화상자가 나타나
면 〈예〉를 클릭합니다.

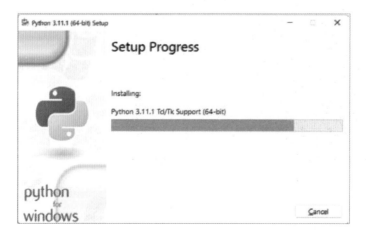

5. [Setup was successful]이라는 화면이 뜨면 설치가 완료된 것입니다. 〈Close〉를 클릭하세요.

파이썬 인터프리터 실행하기

파이썬이 잘 설치되었는지 파이썬 인터프리터를 실행해서 확인해 봅시다.

1. 시작 메뉴에서 'cmd'를 입력하고 [명령 프롬프트]를 클릭합니다.

2. 명령 프롬프트가 실행되면 python을 입력하고 [Enter]를 누르세요.

> ▶ **macOS**에서는 python3을 입력합니다.
> ▶ **리눅스**에서는 배포된 버전에 따라 python3, python, python3.8 등의 명령어를 사용할 수 있습니다.

3. 파이썬 인터프리터가 실행되면서 **python 3.…**이라는 메시지와 함께 프롬프트를 뜻하는 **>>>** 가 나타납니다.

파이썬 버전은 실행 파일을 내려받은 시기에 따라 달라집니다.

4. 파이썬 인터프리터를 종료하려면 [Ctrl]+[Z]를 동시에 누른 상태에서 [Enter]를 누릅니다.

> ▶ **리눅스**에서는 [Ctrl]+[D]를 동시에 누릅니다.

부록 2

파이썬 인터프리터 실수 대처하기

파이썬 인터프리터가 잘 실행되지 않을 때 해결 방법을 알아보겠습니다. 오류 메시지에서 문제 해결의 힌트를 얻을 수 있습니다.

❶ 파이썬 인터프리터를 종료할 수 없어요

해결 방법

• 윈도우: Ctrl + Z를 동시에 누른 후 Enter를 누릅니다.

• macOS: Ctrl + D를 동시에 누릅니다.

• 리눅스: Ctrl + D를 동시에 누릅니다.

▶ macOS에서는 Ctrl 대신 Control을 사용하세요.

❷ 입력했는데 아무 일도 일어나지 않아요 (1)

인터프리터가 표시한 예   — ☐ ✕

>>> x = []   ← 사용자가 입력한 내용

해결 방법

Enter를 누르세요. 그러면 파이썬 인터프리터가 입력한 내용을 처리합니다.

❸ 입력했는데 아무 일도 일어나지 않아요 (2)

인터프리터가 표시한 예 — □ ×

```
>>> x = []   ← 사용자가 입력한 내용
>>>          ← 인터프리터가 표시한 프롬프트
```

해결 방법

괜찮습니다. 프롬프트 >>>가 표시되었다는 것은 파이썬 인터프리터가 입력된 내용을 처리했다는 것을 의미합니다. 결과를 알고 싶다면 다음 예처럼 변수명 x를 입력하면 x의 내용이 나타납니다.

인터프리터가 표시한 예 — □ ×

```
>>> x = []
>>> x
[]
>>>
```

❹ 프로그램을 >>>부터 입력했어요

인터프리터가 표시한 예 — □ ×

```
>>> >>> x = []
 File "<stdin>", line 1
   >>> x = []
   ^   ← 인터프리터가 잘못된 곳을 표시
SyntaxError: invalid syntax
```

해결 방법

실행 화면의 >>>는 인터프리터가 자동으로 표시하는 프롬프트이므로 사용자가 따로 입력하지 않습니다. 이럴 때에는 >>> x = []가 아니라 x = []를 입력하세요.

❺ 문자를 입력할 때 작은따옴표 ' '를 사용하지 않았어요

```
>>> x.append(○)
  File "<stdin>", line 1
    x.append(○)
             ^  ← 인터프리터가 잘못된 곳을 표시
SyntaxError: invalid character '○' (U+25CB)
```

해결 방법

파이썬 프로그래밍에서 문자를 입력할 때는 반드시 앞뒤를 작은따옴표 ' '로 묶어서
입력하세요. 메시지 가운데 ^는 오류가 발생한 곳을 표시합니다.

❻ 한 줄로 이어서 입력해야 하는데 중간에 Enter 를 눌러서 줄을 바꿨어요

```
x = [['너구리', 10, 300], ['여우', 40, 600],
. . .
```

해결 방법

Ctrl 과 C 를 동시에 눌러서 프로그램 입력을 중지합니다. 그리고 프로그램을 다시
입력하세요.

❼ 대괄호 [와]의 개수가 달라요

```
>>> ['너구리', '여우', '순록', '고양이']]
File "<stdin>", line 1
   ['너구리', '여우', '순록', '고양이']]
                              ^
SyntaxError: unmatched ']'  ← 인터프리터가 ]의 개수에 오류가 있다고 지적
```

해결 방법

[와]의 개수가 같도록 다시 입력하세요.

❽ 배열의 인덱스가 잘못되었어요

```
>>> x[5]
Traceback (most recent call last):
File "<stdin>", line 1, in <module>
IndexError: list index out of range   ← 인덱스(index) 오류
```

해결 방법

배열의 인덱스를 검토한 후 프로그램을 다시 입력하세요.

❾ 알파벳 대문자와 소문자를 잘못 입력했어요

```
>>> sorted (x, reverse=true)
Traceback (most recent call last):
File "<stdin>", line 1, in <module>
NameError: name 'true' is not defined   ← 잘못 입력한 부분을 지적
```

해결 방법

다시 입력하세요. 파이썬에서는 알파벳 대문자와 소문자를 구별하므로 반드시 이 책에서 사용한 대로 작성해 주세요.

⑩ 영어 단어의 철자를 잘못 입력했어요

```
>>> sorted(x, key=labmda y: y[1])
File "<stdin>", line 1
    sorted(x, key=labmda y: y[1])
                ^
SyntaxError: invalid syntax
```

해결 방법

영어 단어의 철자를 확인해서 다시 입력하세요. 이번 예시에서는 `lambda`를 `labmda`라고 잘못 입력했습니다.

⑪ 계산 결과가 틀렸어요

```
>>> 39*13%77
45
```

해결 방법

곱하기 기호는 *가 아니라 **입니다.

⑫ 계산이 끝나지 않아요

```
>>> 3*13**77
```

해결 방법

계산한 결과의 값이 크면 계산이 끝나지 않습니다. 계산을 중간에 멈추고 싶다면 Ctrl과 C를 동시에 누릅니다.

마치며

"이 책이 여러분의 일, 학업, 취미생활에
도움이 되길 바랍니다!"

이 책을 끝까지 읽어 주셔서 감사합니다. 대표적인 알고리즘과 데이터 구조의 짜임새, 그리고 시간 복잡도를 사용해서 알고리즘을 비교하는 방법을 잘 배웠을 것입니다.
지금까지 공부한 알고리즘을 일상생활에서도 활용해 보길 바랍니다. 문제에 부딪혔을 때 어떤 방법을 사용해야 효율적으로 해결할 수 있을지를 판단할 때 알고리즘 지식이 도움이 됩니다.

이 책을 읽고 나서 컴퓨터 프로그래밍을 좀 더 알고 싶다면 프로그래밍 언어를 공부하는 것을 추천합니다. 예를 들어 이 책에서 사용하는 언어인 파이썬 입문서를 한 권 선택해서 공부해 보세요. 파이썬은 인기 있는 프로그래밍 언어이므로 이미 많은 책이 나와 있습니다.

이 책에서 학습한 내용이 독자 여러분의 일, 학업, 취미생활에 활용될 수 있기를 바랍니다. 그동안 공부하면서 재미있었던 일, 어렵고 힘들었던 일을 바로 해결한 경험 등이 있다면 소식을 보내 주세요. 저희에게는 큰 위로와 기쁨이 될 것입니다.

마츠우라 켄이치로, 츠카사 유키

알고리즘을 정식으로 배우고 싶다면?

Do it!
자료구조와 함께 배우는
알고리즘 입문
— 파이썬 편

내 손으로 직접 코딩하며 확인한다!
코딩 테스트도 통과하고
알고리즘 과목도 A+ 받자!

시바타 보요 지음 | 22,000원

Do it!
자료구조와 함께 배우는
알고리즘 입문
— 자바 편

시바타 보요 지음 | 22,000원

Do it!
자료구조와 함께 배우는
알고리즘 입문
— C언어 편

시바타 보요 지음 | 24,000원

알고리즘 테스트를 준비하고 있다면?

Do it!
알고리즘 코딩 테스트
— 자바 편

IT 기업 최신 출제 경향 완벽 분석!
코딩 테스트 강의 5년의 합격 노하우,
역대 기출 문제 유형 총망라!

김종관 지음 | 32,000원

Do it!
알고리즘 코딩 테스트
— 파이썬 편

김종관 지음 | 32,000원

Do it!
알고리즘 코딩 테스트
— C++ 편

김종관 지음 | 34,000원